高校龙舟运动人才培养路径研究

龚洋洋　著

吉林人民出版社

图书在版编目(CIP)数据

高校龙舟运动人才培养路径研究/龚洋洋著.
长春:吉林人民出版社,2025.5.--ISBN 978-7-206-22006-7

Ⅰ.G852.9

中国国家版本馆 CIP 数据核字第 202596C2Q1 号

高校龙舟运动人才培养路径研究

GAOXIAO LONGZHOU YUNDONG RENCAI PEIYANG LUJING YANJIU

著　　者:龚洋洋
责任编辑:金　鑫
封面设计:豫燕川
出版发行:吉林人民出版社(长春市人民大街 7548 号　邮政编码:130022)
印　　刷:吉林省海德堡印务有限公司
开　　本:787mm×1092mm　1/16
印　　张:9.25　　字　　数:105 千字
标准书号:ISBN 978-7-206-22006-7
版　　次:2025 年 5 月第 1 版　印　　次:2025 年 5 月第 1 次印刷
定　　价:68.00 元

前言

龙舟运动作为中华民族传统体育项目之一，承载着悠久的历史文化和民族精神，是中华优秀传统文化的重要组成部分。近年来，随着国家对传统文化的日益重视及全民健身战略的深入推进，龙舟运动在高校中逐渐兴起，并成为校园体育文化建设的重要内容。

高校作为人才培养的重要基地，肩负着传承和发展传统文化的重任，理应在龙舟运动人才培养中发挥关键作用。在高校开展龙舟运动不仅可以为学生提供丰富的体育活动选择，增强学生的体质，还能培养学生的团队合作精神和坚韧不拔的意志品质。同时，高校拥有丰富的教育资源和科研力量，能够为龙舟运动的科学训练、技术创新，以及文化研究提供全方位支持。例如，高校可以通过开设龙舟相关课程，构建完善的课程体系，培养学生的专业素养。此外，高校还可以利用自身的科研优势，对龙舟运动的训练方法、器材设计、运动生理等方面进行研究，推动龙舟运动的现代化发展。

笔者在撰写本书的过程中，参阅了相关文献和专著，在此向其作者表示感谢。书中难免存在疏漏与不足之处，敬请各位专家和读者批评指正。

目录

第一章　龙舟运动概述 …… 1
　第一节　龙舟运动发展概况 …… 2
　第二节　龙舟运动的特点与作用 …… 12
　第三节　高校龙舟运动的现状与趋势 …… 17
第二章　高校龙舟运动人才的培养 …… 25
　第一节　高校龙舟运动人才培养概述 …… 25
　第二节　高校龙舟运动教学实践 …… 36
　第三节　高校龙舟运动人才的选材标准与方法 …… 47
第三章　高校龙舟运动人才的体能训练 …… 59
　第一节　力量训练 …… 59
　第二节　速度训练 …… 70
　第三节　耐力训练 …… 77
　第四节　协调性训练 …… 83
第四章　高校龙舟运动人才的心理辅导 …… 89
　第一节　心理训练概述 …… 89
　第二节　运动员的赛前心理准备 …… 91
　第三节　竞赛中的心理控制 …… 105
　第四节　竞赛后的心理调整 …… 107

第五章　高校龙舟运动对人才培养的辅助效应分析…………………… 112
第一节　龙舟运动对高校文化建设的价值导向………………………… 112
第二节　高校对龙舟运动发展的推动作用……………………………… 117
第三节　高校龙舟运动的态势分析……………………………………… 124
第四节　高校龙舟运动的社会效能……………………………………… 132

参考文献………………………………………………………………………… 139

第一章　龙舟运动概述

历史文化是历史上遗留下来的文化元素，从文化学的角度来看，历史文化是一个地区或一个国家遗留下来的物质文化、精神文化和行为文化的总和。中国的历史文化源远流长，从先秦时期一直延续到清朝，彰显着中国古老而丰厚的文化内涵，其丰富性是世界上其他国家难以比拟的。龙舟历史文化的传承从古至今，与中国龙文化紧密相连，不可分割。神州大地是龙的故乡，中华民族是龙的传人，龙以其独特的形态渗透到人们生活中。

龙舟是船上画着龙的形状或做成龙的形状的船，扒龙舟是中国民间传统水上体育娱乐项目，是一种多人集体划桨竞赛，多在喜庆节日举行，现流行于我国及世界上一些国家与地区。扒龙舟分为起龙、游龙、竞赛、收龙等几个环节。扒龙舟作为一种体育娱乐活动，充分体现出我国悠久的历史文化和人们的集体主义精神。

根据区域民俗特点不同，龙舟造型在头尾设计方面包括凤舟、象牙舟、龟舟、虎头舟、牛头舟、天鹅舟、蛇舟等形状，均保留原有的规格和名称。只要是以类似划龙舟方式进行的活动，统称为龙舟运动。

第一节　龙舟运动发展概况

一、龙舟运动的起源

古文献中最早关于龙舟的记载是战国中期的《穆天子传》，其中提到“癸亥，天子乘鸟舟龙卒浮于大沼”。龙舟作为中国龙文化传播的重要载体，在最大程度上体现了华夏子孙作为“龙的传人”对于龙文化的一种崇拜和崇敬。自古以来，华夏子孙便把龙作为一种神物，龙舟文化也随之产生，从最初的龙舟只是一种供皇室游玩的交通工具，到后来的大规模的龙舟竞渡，龙舟文化随着历史的发展，逐渐形成了独特的文化内涵。龙舟运动的起源说主要有屈原说、伍子胥说、越王勾践说等。[①]

1.为了纪念屈原。相传屈原曾任三闾大夫之职，因遭奸臣所害被流放，于五月五日投汨罗江而死。听说他投江后，民众自发组织起来划船营救，从此，每年五月五日就有了龙舟竞渡的活动。关于这种说法，史书中均有记载，南朝吴均编写的《续齐谐记》中记载：“楚大夫屈原遭谗不用，是日投汨罗江死，楚人哀之，乃以舟楫拯救。端阳竞渡，乃遗俗也。”另《隋书·地理志》中也有记载：“屈原以五月望日赴汨罗，士人追至洞庭不见，湖大船小，莫得挤者，乃歌曰：‘何由得渡湖！’因而鼓棹争归，竞会亭上，习以相传，为竞渡之戏。”这种说法被大部分民众承认，是一种流传最广的说法。

2.为了纪念伍子胥。这种说法在吴地更为流传，历史上也有相关记载。在《荆楚岁时记》中就有这样的记载：“邯郸淳《曹娥碑》云：‘五月五日，始迎伍君，迎涛而上，为水所淹。斯又东吴之俗，事在子胥，不关屈平

① 于炳德.高校民族传统体育教学改革[M].哈尔滨：哈尔滨出版社，2020：95.

也。’”这段记载表明龙舟竞渡是为了纪念吴国伍子胥，而非屈原。

3. 为了纪念越王勾践。这种说法认为，从越王勾践开始有龙舟竞渡。据史料记载，《越地传》中提道：“竞渡之事起于越王勾践，今龙舟也。”《纪纂渊海》中也有相关记载。

关于龙舟起源虽然众说纷纭，但无不寄托着对英雄的崇拜与思念，是人民群众对源远流长的中华民族精神的传承和发展。

二、古代龙舟运动的发展

（一）春秋战国时期

春秋战国时期，也就是龙舟历史文化的起源阶段。在这个阶段，龙舟逐步被赋予了爱国忧民、怀念英雄的传统思想，这正是龙舟所具有的民族龙文化思想。无论是屈原、伍子胥、勾践还是曹娥等，都反映出龙舟文化是伴随着爱国主义和集体主义产生的，具有传统的民族主义意识。这从一些历史记载中可以看出。《荆楚岁时记》记载：“五月五日竞渡，俗为屈原投汨罗日，伤其死，故命舟楫以拯之。舸舟取其轻利谓之‘飞凫’，一自以为水车，一自以为水马。州将及士人悉临水而观之。”另外，《会稽典录》记载：“女子曹娥，会稽上虞人。父盱，能弦歌，为巫祝。汉安帝二年五月五日，于县江溯涛迎波神，溺死，不得尸骸。娥年十四，乃缘江号哭，昼夜不绝声。七日，遂投江而死。”此外，在一些地方府志中也出现了关于龙舟起源的记载。明万历《温州府志》记载：“竞渡起自越王勾践，永嘉水乡用以祈赛。”这一时期的龙舟与祛病、祈福等有着重要的关系，从而发展起来，在一些史料中的记载很明确地说明了这一点。《荆楚岁时记》记载：“五月五日，四民并蹋百草，又有斗百草之戏。采艾以为人，悬门户上，以禳毒气。是日，竞渡，采杂药。以五彩丝系臂，名曰‘辟兵’，令人不病瘟。”

这段文字是说人们在五月初五这一天到野外踏青草，还有斗百草这样的游戏，采摘艾草挂在门上以祛病祈福，这一天举行龙舟比赛，采草药，并且系上五彩丝带，寓意驱邪避疫，保佑健康。从历史角度来看，这些习俗虽带有迷信色彩，但早在春秋战国时期就已经流行，这表明当时的龙舟竞渡已经产生且具有一定的规模，反映了古代人民对自然和健康的敬畏与祈愿。

春秋战国时期是龙舟历史文化发展的起源阶段，在这一时期，龙舟开始逐渐兴起，不同民族或族群都形成了各具特色的龙舟活动，用以纪念本民族的英雄人物。这一时期的龙舟带有强烈的爱国主义色彩和民族责任认同意识。楚地是为了纪念屈原，吴国是为了纪念伍子胥，而越国则是为了纪念勾践，还有的是为了纪念曹娥，等等，虽然各不相同，但都是为了纪念本民族或本国中有重大影响的人物。也可以说，在春秋战国这个战乱纷繁的年代，人们为了向往和平，将个人的精神寄托于有崇高理想的人物，从而得到解脱。如今的端午节就是为了纪念屈原等先贤而流传下来的一个传统节日，有挂艾草、喝雄黄酒、划龙舟等习俗。总之，无论龙舟是为了纪念哪个英雄人物，也不论龙舟的起源如何、起源于哪里，不可否认的是，龙舟对春秋战国及之后各朝代的人们，乃至现代的人们都有着深远的影响。

春秋战国时期龙舟历史文化发展的特点是：起源说法众多，以本民族有重要影响的人物为中心，附带以本民族的精神寄托，从而形成的一种民族体育活动，称为“竞渡”。但这一时期没有正式运用“龙舟”这一词语，且龙舟活动规模较小，尚未形成专门的组织与规范，也没有统一的规则。

（二）秦与两汉时期

秦代时期龙舟已经有了长足的发展。例如，台湾韩江边上的大埔县高陂镇有着丰富的龙舟传统文化传承，据说这里的赛龙舟历史悠久，最早是客家人从中原迁徙而来，而后传承了中原的龙舟传统文化，一直沿袭至今。可见早在秦代时期，我国的龙舟文化就已经具有相当的厚度和影响力。另外，在秦始皇陵的地下宫殿中，秦始皇躺卧的龙舟棺椁漂浮在用水银灌注的象征长江、黄河的水银池之间，皇室贵族陪葬都用龙舟棺椁，这反映出当时龙舟在文化中的尊贵地位。

秦与两汉时期龙舟历史文化发展的特点是：龙舟文化有了一定的发展，且龙舟文化开始进入皇宫，并在皇帝陵墓中大规模地运用。

（三）魏晋南北朝时期

晋朝时期，开始出现“竞渡”一词。周处的《风土记》记载：“端午烹鹜角黍……竞渡。”这可能是对“竞渡”的最早记载。苗族的龙舟竞渡赛多于每年五月二十四日至五月二十七日的“龙船节”举行；傣族龙舟竞渡赛多于每年的“泼水节”（清明后十天左右）进行。可见，魏晋南北朝时期开始有关于龙舟竞渡的记录，说明在此之前就有了龙舟竞渡，且逐渐开展起来。

魏晋南北朝时期龙舟历史文化发展的特点是：开始出现对竞渡的最早记载；龙舟形式开始发生变化；龙舟运动已经出现一定的规模，为后来规则的完善奠定了基础。

（四）隋唐五代时期

隋朝龙舟发展规模宏大，龙舟是皇帝出行首选的工具，龙舟耗资巨大，气势恢宏。唐朝杜宝著的《大业杂记》记载：“大业元年……车驾幸江都宫。……御龙舟，皇后御翔螭舟。其龙舟高四十五尺，阔五十尺，长二百尺，四重。上，一重，有正殿、内殿、东西朝堂，周以轩廊；中，二重，有一百六十房……下，一重，长秋、内侍及乘舟水手，以青丝大条绳六条，两岸引进。”在唐代,如此宏大的龙舟只有皇帝才能够负担得起,可见当时皇室龙舟的发展程度。洪泽因洪泽湖而得名。隋帝从洛阳乘龙舟游幸江南,一路干旱,经过此湖时喜降大雨,他一时兴起,将此湖称为洪泽浦,到唐代称洪泽湖。我国是龙舟的故乡,龙舟竞渡已成为深受广大人民群众喜爱的文化体育娱乐活动。这一时期,有关龙舟竞渡的诗歌也不断涌现,例如,唐朝张建封的《竞渡歌》,描写了唐朝竞渡的宏大场面:“五月五日天晴明,杨花绕江啼晓莺……两岸罗衣破晕香,银钗照日如霜刃。鼓声三下红旗升,两龙跃出浮水来,棹影斡波飞万剑,鼓声劈浪鸣千雷。鼓声渐近标将近,两龙望标目如瞬。坡上人呼霹雳惊,竿头彩挂红霓晕。”每当龙舟竞渡之时,总有成千上万的群众前来争睹,加以锣鼓喧天,场面更是热闹非凡,蔚为壮观。

隋唐时期龙舟历史文化发展的特点是:龙舟竞渡从皇室到民间,龙舟制造规模空前庞大,开始出现“竞渡之戏”;龙舟不再仅仅是一种民族精神的寄托,逐渐演变为一种民族传统体育娱乐项目,形成了较为明确的规则,并有专门的人员负责;龙舟竞渡进入了规范化的发展阶段,并开始出现与龙舟竞渡有关的附带文化发展,如竞渡歌、绘画等。

(五)宋元时期

宋朝时期,龙舟竞渡规模仍然十分宏大,皇室贵族也经常参加龙舟竞渡。在《东京梦华录》中有这样的记载:“一军校执一竿,上挂以银锦银盌之类,谓之‘标竿’,插在近殿水中。又见旗招之,则两行舟鸣鼓并进,捷者得标,则山呼拜舞。”可见,当时龙舟竞渡的场面不仅宏大且规范。不仅如此,宋代的民间龙舟也开展得相当火爆,民间龙舟与其他吹打、杂技等相结合,形成了水上娱乐项目。从宋代吴自牧的《梦粱录》中可以看出当时龙舟的热闹场景,其中这样描写西湖龙舟:“(二月)初八日,西湖画舫尽开，苏堤游人来往如蚁。其日，龙舟六只，戏于湖中。其舟俱装十太尉、七圣、二郎神、神鬼、快行、锦体浪子、黄胖，杂以鲜色旗伞、花篮、闹竿、鼓吹之类。其余皆簪大花、卷脚帽子、红绿戏衫，执棹行舟，戏游波中。"可见，当时的龙舟活动是一幅怎样热闹的图景。南宋时期，广东地区已有民间的大型龙舟竞渡，竞赛场面十分壮观。宋朝人周密的《武林旧事·卷第三》对于民间龙舟竞渡做了详细的记载："龙舟十余，彩旗叠鼓，交午曼衍，粲如织锦……都人士女，两堤骈集，几于无置足地。水面画楫，栉比如鱼鳞，亦无行舟之路。歌欢箫鼓之声，振动远近，其盛可以想见。"龙舟竞渡不仅是竞技活动，也成为游人游玩的好去处。游西湖时乘坐龙舟与朋友游戏，成为一种流行的娱乐方式，这一传统一直延续至今。《梦粱录》中记载南宋杭州"龙舟六只，戏于湖中"。湖上有龙舟，只是画舫游船的一部分。《东京梦华录》卷七中有北宋皇帝在临水殿看金明池内龙舟竞渡之俗的记载，其中有彩船、乐船、小船、画舱、小龙船，虎头船等供观赏、奏乐，还有长约四十丈的大龙船。除大龙船外，其他船列队布阵，争标竞渡，作为娱乐。宋代孔武仲的《宫词》描述道："十顷西池碧近天，春深调马教龙船。"宋代的龙舟文化不仅表现在文学作品中，还通过图画展现在世人面前。宋代张择端的《金明池夺标图》描绘了一幅龙舟竞渡的宏大场面。

宋元时期龙舟历史文化发展的特点是：龙舟竞渡进一步发展，规模壮大，并开始出现龙舟画舫，龙舟的观赏性增强；龙舟与绘画、鼓乐、杂技等艺术形式进一步融合，竞渡活动还与弄潮儿的表演结合，场面盛况空前。

（六）明清时期

明清时期的龙舟竞渡活动一如唐宋时期，从皇室到民间，都如火如荼地开展着。据《明清史》记载："自城市都鄙里社丛祠，各置龙舟，每邻端午，好事都先捐私囊，或并或修，竞渡之日，偏掠祭户之姻亲，而补己所费。

聚众鼓噪，闻事劫夺者有之为之，姻亲者往往质当待索，罔敢或迟。及其斗胜夺彩，少有不平，鼓相击，损伤肢体，甚之损命者有之，构隙兴讼，伤财害民，就与有于斯哉。”明朝张岱《陶庵梦忆》中有这样的描述：“瓜州龙船一二十只，刻画龙头尾，取其怒；傍坐二十人持大楫，取其悍；中用彩篷，前后旌幢绣伞，取其绚……金山上人团簇，隔江望之，蚁附蜂屯，蠢蠢欲望。晚则万艓齐开，两岸沓沓然而沸。”明清时期，民间也有许多地方开展赛龙舟活动，一些府志、县志中有所记载。苗族龙舟竞渡具有悠久的历史，明嘉靖《贵州通志》卷三“风俗”记载：“镇远府端阳竞渡。府临河水，舟楫便利，居人先期造龙船，绘画首尾，集众搬演居戏。以箬裹米为粽，弃水中。拽船争先得渡者，是岁做事俱利焉。”清乾隆《镇远府志》也有所记载：“镇远府，端午日作龙舟戏，结彩两岸，观者如堵，以祈岁稔。”又如巴蜀地区的一些县志中也有所记载，如《金堂县志》：“近水居民则为龙舟竞渡，相传屈原以是日沉江，故为角黍、龙舟以吊之。”再如《巴县志》中说：“闹龙舟，吊屈平(原)，楚俗也。蜀楚接壤，亦如之。”可见，当时县中都有了比较流行的龙舟文化。清代赵钧的《过来语》记载了道光六年(1826 年)五月初四瑞安县城端阳节的活动：“本岁闰月，龙舟甚多，兼之邑有采舡，游人更盛。初四日，余与诸同人泛舟去拱瑞山看竞渡，士女四集，几至舟不可行……”清朝时期，龙舟十分盛行，已经多到了“舟不能行”的程度，这不仅反映了当时看龙舟竞渡的人数之多，也侧面反映出龙舟竞渡活动的火爆，进而体现了龙舟文化的发展状况。

明清时期龙舟历史文化发展的特点是：龙舟竞渡在民间广泛开展，并在皇室中也极为盛行，许多府州县志中都有关于龙舟竞渡的记载，反映出其参与人数众多，场面极为火爆。

这些记载不仅为现代龙舟运动项目的形成奠定了基础，也为现代龙舟运动项目的开展掀开了新的篇章。

三、近代以来龙舟运动发展状况

(一)近代龙舟运动的初步转型(1840—1949年)

1.社会动荡与龙舟运动的曲折发展

19世纪中叶以来,社会动荡不安,战争频繁爆发。在这种背景下,龙舟运动的发展受到了一定的限制。许多传统的龙舟赛事因战乱而中断,龙舟的制作与维护也面临诸多困难。然而,龙舟运动在一些特定的区域和群体中仍展现出顽强的生命力。例如,在广东、福建等沿海地区,龙舟竞渡依然是端午节的重要庆祝活动之一。在这些地区,尽管战乱频繁,但龙舟活动仍然得以保留,并逐渐形成了具有地方特色的龙舟文化。

2.龙舟运动的初步转型

近代以来,人们对龙舟运动的组织形式和竞赛规则进行了初步的探索与改进,一些地区开始尝试对龙舟竞渡的规则进行规范化,例如,规定龙舟的长度、宽度,以及参赛的人数等,从而使龙舟竞渡更具竞技性。此外,民族主义思潮的兴起也使龙舟运动被赋予了新的意义,它逐渐成为凝聚民族精神、展现民族团结的重要象征。在这一时期,龙舟运动不仅是一种传统的民俗活动,更是一种民族精神的体现。

3.龙舟运动的国际传播初现

随着华人的大量移民和海外贸易的发展,龙舟运动开始在海外华人社区中传播。在东南亚地区,如新加坡、马来西亚等地,华人将龙舟竞渡的传统带到了当地,并逐渐形成了具有地方特色的龙舟文化。这些地区的龙舟活动不仅保留了中国传统龙舟竞渡的仪式和规则,还融入了当地的文化元素，成为当地华人社区的重要文化标识。此外，在欧美一些城市，如伦敦、旧金山等地，华人社团也开始举办小型的龙舟活动，向当地居民展示中华传统文化的魅力。这些活动标志着龙舟运动的国际传播初现端倪。

(二)中华人民共和国成立至改革开放(1949—1978年)

中华人民共和国成立后，社会环境的稳定为龙舟运动的复兴提供了良好的条件。政府高度重视传统文化的保护与传承，龙舟运动作为一项具有深厚民族文化底蕴的体育项目，得到了政策上的支持与鼓励。

1.龙舟运动的复苏

中华人民共和国成立初期，许多传统龙舟赛事得以恢复，龙舟的制作工艺也得到了传承与发展。如广东、湖南等地，龙舟竞渡活动重新焕发出活力，成为当地群众喜爱的体育活动之一。政府通过组织传统龙舟赛事，鼓励各地恢复龙舟竞渡活动，推动了龙舟运动在民间的广泛传播和发展。

2.龙舟运动的转型与现代化探索

中华人民共和国成立后，龙舟运动在保留传统特色的基础上，逐渐向现代化体育项目转型。政府相关部门对龙舟运动的竞赛规则、组织形式等进行了规范与改进，使其更符合现代体育的要求。例如，统一了龙舟的尺寸、形状等标准，制定了更加科学合理的竞赛规则，提高了龙舟运动的竞技性和观赏性，等等。此外，龙舟运动的社会功能也发生了变化，从传统的祭祀活动逐渐转变为全民健身、增强民族凝聚力的重要方式。

(三)改革开放以来龙舟运动的蓬勃发展(1978年至今)

改革开放后，我国经济的快速发展为龙舟运动的繁荣提供了强大的物质基础。在这一时期，龙舟运动在国内得到了广泛普及，其国际影响力也不断提升。

1. 国内龙舟赛事的繁荣

改革开放后，国内龙舟赛事数量大幅增加，赛事规模不断扩大，竞技水平显著提高。1984 年，龙舟运动被国家体委正式列为全国比赛项目，此后，一系列全国性、国际性的龙舟赛事相继举办，如全国龙舟锦标赛、国际龙舟邀请赛等。这些赛事不仅推动了龙舟运动在国内的普及与发展，还吸引了众多国际龙舟队伍的参与，提升了我国龙舟运动在国际上的影响力。

2. 龙舟运动的国际化进程加速

改革开放后，随着我国与世界各国的交流日益频繁，龙舟运动的国际化进程加速推进。1976 年，香港举办了世界上第一次国际龙舟邀请赛，开启了龙舟运动国际化的先河。此后，国际龙舟赛事不断涌现。1991 年，国际龙舟联合会正式成立，这标志着龙舟运动在国际体育舞台上获得了正式地位。龙舟运动以其独特的文化魅力和竞技特点，逐渐受到世界各国人民的喜爱，成为一项具有广泛国际影响力的体育项目。

21 世纪以来，龙舟运动的竞赛形式更加多样化，除了传统的直道竞速外，还出现了绕标赛、拉力赛、拔河赛等多种竞赛形式。此外，龙舟运动的参与人群也更加广泛，不仅有专业的运动员，还有大量的业余爱好者、青少年学生等参与其中。龙舟运动还与文化旅游、体育产业等深度融合，形成了多元化的产业发展模式。例如，一些地区通过举办龙舟赛事，带动了当地旅游业的发展，促进了地方经济的繁荣。

近年来，龙舟运动在国际体育舞台上的地位不断提升，其入奥进程也备受关注。2021 年，龙舟作为展示项目进入东京奥运会赛场，这一事件标志着龙舟运动向奥运舞台迈出了重要一步。随着龙舟运动的国际化和专业化，其在国际体育赛事中的地位有望进一步提升。同时，龙舟运动也将继续发挥其在文化交流、民族团结等方面的重要作用，成为中华文化传播的重要载体。

第二节　龙舟运动的特点与作用

一、龙舟运动的特点

龙舟运动不仅含有深厚的文化底蕴，还有很强的竞技性、观赏性、健身性和娱乐性。

龙舟项目是一项体能主导类力量耐力型运动，是从我国优秀传统文化中流传下来的一项运动，这项运动竞争激烈，对体能要求非常高。龙舟运动员需要在统一的桨频下，整齐迅速地完成插桨、拉桨、提桨和回桨等一系列技术动作，同时要配合肢体的转体、下肢的登船、躯干的屈伸等身体协调动作。在冲刺阶段，桨频每分钟最快可达 120 桨以上。龙舟运动的特点如下。

（一）动作整齐划一

龙舟队伍由划手、舵手、鼓手组成，传统龙舟还会配有锣手。[①] 其中，舵手、鼓手、锣手各 1 人，划手人数则根据龙舟的大小和比赛的要求有所不同，常见的配置有 5 人、10 人、20 人等。在龙舟运动中，多名划手需要整齐划一地完成握桨、入水、拉水、移桨的动作，并不断循环这一系列动

① 何帅，孙子惠，肖旸宇. 非物质文化遗产的数字化保护与传播[M]. 北京：中国纺织出版社有限公司，2023：203.

作，保持划桨的动作和节奏一致，从而确保龙舟能够快速且稳定地向前运行。在高水平的龙舟赛事中，龙舟左右两侧的划手动作基本保持一致，多名划手的动作犹如一人造成的众多幻影般整齐，这种高度的协调性和一致性是高水平队伍在训练中不断强化的基本技术。

（二）速度迅猛

龙舟竞赛的核心在于速度的比拼。无论是传统的水上龙舟竞渡，还是创新的冰上龙舟、旱龙舟比赛，其本质都是对速度的极致追求。在比赛中，多支龙舟在规定的航道内展开激烈角逐，划手们奋力划桨，向着终点冲刺，展现出迅猛的速度。这种对速度的追求不仅体现了龙舟运动的强烈竞技性，还极大地增强了比赛的观赏性。因此，在众多龙舟赛事中，观赛的人群往往比参赛的人群还要多，从而激发了更多人对这项传统体育项目的了解、学习和传承。

（三）群体化

龙舟运动是一项典型的集体运动，其人员分工明确且各司其职。划手是推动龙舟前进的动力源，通过整齐划一的动作提供向前行进的力量；舵手负责掌控龙舟的行进方向，确保龙舟在航道中的稳定前行，防止偏离或失衡；鼓手则掌控龙舟的划行节奏，需要具备强烈的节奏感、良好的临场应变能力和过硬的心理素质，在龙舟运动中发挥着不可忽视的作用；锣手则配合鼓手的鼓点节奏，进一步控制划手的动作和频率，确保每位划手的动作和频率保持一致，防止出现乱划桨的错误。龙舟运动的成功并非依赖于某一个人或某几个人，而是需要全体成员之间的紧密配合和协调，这种群体化的特点使得龙舟运动不仅是一项竞技体育，更是一种团队精神的体现。

(四)竞赛形式多样

龙舟运动的竞赛形式丰富多样,涵盖了多种不同的比赛类型。常见的竞赛形式包括直道竞速赛、绕标赛、拉力赛、往返赛和拔河赛等。除了传统的水上竞赛形式外,龙舟运动还发展出了冰上龙舟竞赛和旱龙舟比赛等创新形式。多样的竞赛形式不仅体现了龙舟运动的娱乐性和健身性,还展现了其深厚的文化内涵。直道竞速赛考验的是队伍的速度和爆发力;绕标赛更注重队伍的灵活性和团队协作能力;拉力赛和往返赛对队伍的耐力和持久性提出了更高的要求;拔河赛是力量与技巧的结合。无论是哪种形式,龙舟运动都以其独特的魅力吸引着广泛的参与者和观众,成为一项深受人们喜爱的体育活动。

二、龙舟运动的作用

(一)娱乐作用

龙舟的娱乐性自古至今都存在着,龙舟运动本身就具有丰富的娱乐性。现代龙舟的发展也不例外,其娱乐性随着旅游业的兴起而逐渐发展壮大。

古代龙舟的娱乐性主要存在于皇室和民间两个方面:一方面,古代皇帝的游玩带动了龙舟的发展;另一方面,民间的龙舟竞渡活动本身就具有较高的娱乐性。龙舟的娱乐性离不开龙舟文化节的存在。每年的龙舟文化节在不同地区举行,其盛大的开幕式和闭幕式吸引了众多中外游客,且龙舟文化节不仅有激烈的龙舟竞赛,还有挂艾草、佩香囊、吃粽子、划龙舟的传统节日习俗。如今,不少风景区都推出了龙舟新娱乐项目,如快艇、自驾艇、鸭子船、脚踏船,这些项目不仅让人们在山水之间享受自然之美,还提升了娱乐性，同时也推动了地区经济的发展。特别是现在的龙舟节，不仅继承了传统的龙舟竞渡、节日游园，还新增了文化研讨会，不仅提高了龙舟的娱乐性，还将龙舟文化提升到了一个更高的层次。特别是近几年，随着国际传媒的发展及中国电视影视娱乐节目的快速发展，龙舟的娱乐性得到了空前提升。通过“龙舟搭台，经济唱戏”的模式，娱乐和经济得到了全面的发展。

（二）竞技作用

龙舟运动是一项极具团队协作性的体育项目，要求队员们在比赛中高度协调配合，通过统一的节奏和动作推动龙舟快速前进。这种高度的协同性不仅考验队员之间的默契程度，还能有效培养集体荣誉感和团队精神，使参与者学会在集体中发挥个人价值，增强团队凝聚力。同时，龙舟竞渡对运动员的身体素质要求极高，划桨动作需要强大的上肢力量、核心力量及良好的耐力，长期的训练和比赛能够有效提升运动员的体能和身体协调性，促进身体健康。此外，龙舟竞渡具有较高的观赏性和竞技性，在比赛中，龙舟如离弦之箭，在水面上飞驰竞渡，鼓声震天，桨影翻飞，场面十分壮观，这种激烈的竞技场景不仅吸引了众多观众的目光，也激发了运动员的拼搏精神，促使他们在比赛中不断挑战自我，突破极限，追求更高的竞技水平。龙舟运动的竞技作用不仅提升了运动员的个人能力，还推动了体育文化的发展和传播，成为一项具有广泛影响力和深远意义的体育项目。

（三）艺术渗透作用

龙舟运动的艺术渗透作用主要体现在其深厚的文化内涵与艺术表现力的融合。龙舟本身的设计与装饰充满了艺术美感，其造型多为龙头凤尾,色彩鲜艳夺目,常绘有龙鳞、龙须等图案,具有极强的视觉冲击力。在龙舟竞渡中,鼓手的鼓点、划手的划桨动作及舵手的操控,共同构成了一幅动态的艺术画卷,展现出团结协作、奋勇争先的精神风貌。此外,龙舟运动还与端午节等传统节日紧密结合,通过赛事、表演等形式,传承和弘扬了中华民族的传统文化与民族精神。在国际上,龙舟运动作为文化交流的重要载体,吸引了众多国家和地区的参与,促进了不同文化之间的相互理解和融合。这种艺术与文化的融合,不仅丰富了龙舟运动的内涵,也使其成为一种具有国际影响力的文化符号。

(四)团结作用

龙舟是一个集体项目,需要全体成员共同努力才能取得胜利。因此,龙舟运动对于培养集体主义精神具有极其重要的作用,它能够教育人们更加团结、互相帮助、群策群力、共同奋斗,对于增强爱国主义也有重要的作用。龙舟运动在许多民族中都有开展,是傣族、苗族、壮族、白族等共有的传统体育项目,每逢龙舟比赛,各民族都互相邀请,从而促进了各民族的团结和稳定,对于各民族共同繁荣有重要的意义。不少海外华侨、侨胞每年都要回家看龙舟、制作龙船,他们认为龙舟已经成为中华子孙的一个象征,参与和观赏龙舟运动让他们感觉到作为一个中国人的自豪和骄傲,增强了他们的民族自豪感和归属感。

(五)推动全民健身活动开展

龙舟运动在推动全民健身活动开展方面发挥着重要作用。作为一种传统体育项目,龙舟运动具有广泛的群众基础和较高的参与度,它不仅适合不同年龄、性别和身体素质的人群参与,还能在团队协作中增强个人的体能和身体素质。龙舟竞渡需要参与者具备良好的心肺功能、肌肉力量和耐力，而长期参与龙舟训练能够有效提升这些身体素质。此外，龙舟运动的趣味性和竞技性也吸引了大量人群主动参与，激发了大众对体育锻炼的热情。在各地举办的龙舟赛事中，不仅有专业运动员的高水平竞技，还有众多业余爱好者和社区居民的积极参与，形成了全民健身的良好氛围。通过龙舟运动，人们在享受体育乐趣的同时，增强了体质，培养了团队合作精神，推动了全民健身活动的深入开展。

第三节　高校龙舟运动的现状与趋势

一、高校龙舟运动的现状

龙舟运动具有很强的地域性、群众性、竞技性和民俗信仰。现代社会的龙舟竞赛，在保持其原始的娱乐性和民俗信仰的同时，增加了竞技成分，更加注重团队的合作精神，以及坚忍不拔、顽强拼搏的体育竞赛精神。随着龙舟事业的发展，龙舟竞技所弘扬的奋勇争先、顽强拼搏的体育精神吸引了越来越多的青少年加入这支队伍，渐渐地，高校龙舟运动应运而生。

近年来，高校龙舟运动呈现出积极的发展态势。许多高校纷纷组建龙舟队，吸引了众多学生参与其中。这些学生来自不同专业和不同年级，他们在训练和比赛中不仅锻炼了身体素质，还培养了团队协作能力和集体荣誉感。龙舟运动也逐渐成为高校校园文化建设的重要组成部分，丰富了学生的课余生活，增强了校园的文化氛围。

然而，高校龙舟运动的发展也面临着一些挑战。一方面，部分高校因缺乏专业的训练场地和设施，限制了龙舟运动的普及和水平提升；另一方面，龙舟运动的专业教练相对不足，导致一些队伍的训练缺乏系统性和科学性。此外，龙舟运动的推广还受地域和季节的限制，部分地区由于水域条件不足或季节气候原因，难以开展大规模的龙舟训练和比赛。

尽管面临诸多挑战，高校龙舟运动的前景依然广阔。随着人们对传统文化的重视及对体育精神的追求，龙舟运动在高校中的影响力将持续扩大。高校也在积极寻求解决方案，通过与社会力量合作、争取政府支持等方式，逐步改善龙舟运动的发展环境。未来，高校龙舟运动有望成为高校体育和文化建设的重要组成部分，为培养全面发展的人才发挥更大的作用。

学校作为民族传统体育传承的主要场所，为龙舟运动的发展提供了肥沃的土壤。龙舟运动所蕴含的团结协作、拼搏进取的精神，深深吸引了高校的领导、教师和学生；龙舟运动凭借其深厚的文化底蕴和独特的魅力，逐渐被引入高校，成为高校体育文化的重要组成部分。

龙舟运动承载了几千年的中华文化，在改革开放的进程中，迅速与西方文化交融，并凭借其独特的魅力深受世界各族人民的喜爱。如今，龙舟竞渡已成为许多国家的大学生相互学习与交流的桥梁和纽带，因此受到了国家体育总局和教育部的高度关注和大力支持。

随着中国大学生赛艇与龙舟协会的成立，以及全国大学生龙舟锦标赛等赛事的举办，龙舟竞渡这一传统习俗在南方地区得到了长足发展，北京、天津、澳门等地也常年举办全国大学生龙舟赛。自 2014 年起，我国龙舟大赛设立高校组比赛，极大地推动了高校龙舟运动的快速发展。龙舟运动是竞赛项目中上场人数最多的项目之一，其训练和比赛都需要较多的经费支持。随着高校队伍在全国各级别比赛中屡获佳绩，龙舟运动不断被更多高校认可，如今，许多高校每年投入专项经费开展龙舟运动，为龙舟运动的发展提供了坚实的物质基础。

(一)境外龙舟运动热的推动作用

自1976年中国香港举行现代龙舟邀请赛以来,龙舟运动便以迅猛的态势在世界各地蓬勃发展。1990年,欧洲龙舟联合会成立;1991年,国际龙舟联合会成立;1992年,亚洲龙舟联合会成立。洲际和国际龙舟联合会的成立,为龙舟运动的推广提供了法律依据和组织保障。1994年,国际水平的亚洲龙舟锦标赛和国际龙舟锦标赛举行,进一步推动了龙舟运动的国际化进程。受此影响,欧美地区的龙舟运动开展得如火如荼,端午节龙舟赛已成为五大洲人民共同参与的节日。许多国家的大学生龙舟队成为体育交流的先锋力量,每年都会来到龙舟的故乡——中国,参加比赛和交流活动,推动了中国高校龙舟运动向国际化、规范化、现代化方向发展。

(二)大学生龙舟赛事的推广作用

每年各种各样的龙舟赛事在全国各地举行,部分高校积极参与其中。其中,由天津市旅游办、市体育局、市龙舟协会等单位联合主办的“国际大学生龙舟邀请赛”成为高校最具影响力和吸引力的赛事之一。自2001年起,天津市政府每年都邀请国内外著名高校参赛。2006年,首届全国大学生龙舟锦标赛也成功举办。这两项赛事的规模和水平逐年提升。一方面,国内外著名大学的参与对弘扬中华民族传统文化、传播龙舟精神起到了很好的推动作用;另一方面,全国几十所高校纷纷开展龙舟运动,在天津国际大学生龙舟邀请赛中占据了近半数的参赛队伍。龙舟与武术同为中华民族的优秀文化瑰宝,传承和诠释龙舟文化,展现当代大学生团结拼搏、积极进取的时代精神,是全国各高校的重要责任。因此,在这两项高校赛事的推动下，全国各地高校龙舟运动掀起了一股热潮。

高校正逐渐成为龙舟运动的一个重要阵地，越来越多的高校龙舟队伍参与比赛，其意义并不仅仅局限于取得优异的成绩和名次，从更深层次来看，高校龙舟队伍的参与扩大了龙舟运动的参与面，提升了运动的技术含量，对传统龙舟队伍形成了挑战，也推动了龙舟文化更好、更全面地传播。从这个意义上来讲，高校的龙舟队将会促成龙舟运动的一次全面飞跃和提升。作为一项具有深厚文化内涵的传统活动，龙舟运动一直以来多在民间活跃。随着中国龙舟协会对龙舟运动的规范化管理和制度化管理，龙舟运动已经呈现出新的面貌，龙舟运动本身具有的魅力，例如，团队精神的培养、坚强毅力的锻炼等吸引了众多高校学生，促成了龙舟运动在一批高校中的开展。

高校在人才、知识等资源上相对集中，这为开展龙舟运动提供了有利条件。另外，高校在训练中会从专业角度对龙舟运动的技战术、训练手段等进行研究，这不仅是对龙舟运动的进一步发展，还为其赋予了新的文化内涵，经过这样的提升和推广，将对龙舟运动的发展起极大的促进作用。现代与古老、科技与传统的结合是运动项目与文化发展中的一个自然转换现象，一个运动项目或一种文化想要不断前进就需要在总结传统的基础上引入现代元素。高校开展龙舟运动充分体现了高校自身的优势。龙舟运动因高校的参与而更具活力，其发展也越来越快，龙舟运动已成为大学生十分喜爱的体育运动项目之一。随着龙舟运动在高校的开展，龙舟文化也逐渐传播开来，许多大学生通过龙舟文化的熏陶改变了不良嗜好，成为品学兼优的当代大学生。

二、高校龙舟运动的发展趋势

龙舟项目是一项传统项目，它能够激发人们的集体主义、同舟共济、奋勇争先的精神，适合在高校开展。开展龙舟项目的高校由最初的七八所已发展到现在的近百所，发展速度较快。我国高校龙舟项目开展的总体情况良好，参与开展龙舟项目的高校不断增多，发展势头强劲。这不仅有助于在大学生中传承中华优秀龙舟文化，还为学校开展素质教育搭建了新的平台。

随着我国综合国力的不断增强和人民生活水平的不断提高，越来越多的人开始追求更加舒适、高雅的生活方式，为此，政府加大了在文化建设方面的投入，以满足人民群众的文化需求和娱乐需求。在此背景下，龙舟赛事凭借其良好的观赏性得到了广泛开展。龙舟运动得到了政府的大力支持：在国家层面，体育总局社会体育指导中心专门成立了龙舟工作部门，负责组织和规划龙舟竞赛的举行；在地方政府层面，各地政府积极拨款，完善龙舟竞赛场地、设施，积极承办龙舟赛事，积极开展与高校的合作，打造各自的龙舟品牌，多地举办了多项全国性的龙舟赛事，极大地推动了龙舟运动的发展；在高校龙舟运动层面，教育部进一步设立了自主招收高水平龙舟队的高校，并给予一定的政策倾斜和相关指导，加大对高校龙舟运动发展的推动力度。同时，中国大学生体育协会赛艇与龙舟分会也定期举办高校龙舟赛事，为高校龙舟的发展提供了更多平台。

高校龙舟运动发展水平较低，若想进一步提高，就需要更多的社会赞助。社会赞助不仅能提高高校的资金投入，还能扩大龙舟的影响范围，吸引更多的高校引进龙舟项目。依靠学校资源优势，通过校拨经费维持校运动队训练与比赛，是高校办队之初普遍采用的组织模式。这种模式具有管理效率高、经费有基本的保障，以及学生学习保障性强等优点；但它也存在一些局限性，如不利于拓展参赛领域、提高参赛频率和竞技水平。目前高校龙舟运动队正在尝试向以下几种模式转型。

(一)校企合作模式

校企合作模式是高校龙舟运动队转型的重要方向之一。在这种模式下，高校与企业通过签订合作协议、建立联合训练基地、共同举办赛事等方式展开深度合作。企业为高校龙舟队提供资金支持、专业的训练设备、技术支持，以及赛事运营经验等，助力高校提升龙舟运动的训练水平和赛事成绩。同时，企业能够借助高校的人才资源和科研能力，开展龙舟相关的技术研发、产品创新和文化推广活动，提升企业的品牌知名度和社会影响力。此外，校企合作还可以为学生提供实习机会和就业机会，促进高校与企业之间的产学研合作，推动龙舟运动的产业化发展，实现高校、企业和社会的多方共赢。

(二)校俱合作模式

校俱合作模式是指高校与专业龙舟俱乐部开展深度合作。高校通过与俱乐部合作，能够引入专业的训练体系、教练团队和赛事资源等，从而提升龙舟队的训练水平和竞技能力；俱乐部则可以通过与高校合作，拓展人才培养渠道，储备后备力量，为其自身发展提供人才支持。这种模式能够充分发挥高校的学术资源优势和俱乐部的专业竞技优势，实现资源共享和优势互补。高校可以借助俱乐部的专业训练方法和丰富的赛事经验，为学生提供更系统的训练保障和更广阔的发展空间，帮助学生提升技术水平和竞技能力。同时，高校也可以为俱乐部提供科研支持和人才培养基地，促进俱乐部的可持续发展。通过校俱合作，高校龙舟队可以更好地参与国内外高水平赛事，提升竞技水平，培养学生的专业技能和实践能力，为龙舟运动的长远发展奠定坚实的人才基础。

（三）校地合作模式

校地合作模式强调高校与地方政府的协同合作。高校通过与地方政府合作，能够借助地方的政策支持、场地资源和社会影响力，推动龙舟运动的普及与发展；地方政府则可以通过支持高校龙舟运动队建设，提升地方体育文化软实力，促进地方体育事业与文化产业的融合发展。这种模式有助于整合地方资源，形成政府、高校和社会多方协同发展的良好局面，为龙舟运动的发展奠定坚实基础。地方政府可以为高校龙舟运动队提供场地建设、赛事经费、政策优惠等方面的支持，帮助高校解决实际困难，推动龙舟运动在当地的广泛普及。高校则可以利用自身的科研优势和人才优势，为地方政府提供龙舟文化研究、赛事策划、人才培养等方面的服务，助力地方体育文化事业的发展。通过校地合作，可以营造良好的社会氛围，弘扬龙舟文化，增强龙舟运动的社会影响力，推动龙舟运动更广泛地发展。

从以上三种特殊的转型趋势中可以看出，龙舟运动不能只依靠高校单一模式，否则不利于高校龙舟运动的发展，也不利于龙舟竞技水平的快速提高。

高校的龙舟运动发展迅猛，参赛人数逐年增加，竞技水平也逐步提高，却仍需进一步发展高校学生资源，吸引更多的大学生参与龙舟运动，为高校龙舟运动的发展储备更多的人才。

在高校中开展龙舟运动具有积极作用，推广高校龙舟对弘扬团结、向上求索的精神具有潜移默化的作用。高校是我国龙舟运动传承与推广的重要阵地，广大青年学生充满活力和希望，他们为龙舟运动的发展提供了一个更加广阔的空间，对龙舟运动的传承起到至关重要的作用。在高校中开展龙舟运动，是中国龙舟协会推广龙舟运动的一个重要发展方向。体育项目的产生都与特定历史文化或民族风俗相关联。国际体育交流最引人注目的也是不同国家、不同民俗所显示的文化魅力。

第二章　高校龙舟运动人才的培养

第一节　高校龙舟运动人才培养概述

一、龙舟运动人才的定义与内涵

（一）龙舟运动人才的多维特征

在高校龙舟运动的语境中，“人才”并不仅仅是具备高超划桨技巧的运动员，而是涵盖技术精湛、体能充沛、团队协作能力强、文化素养高，具备创新思维与高质量发展能力的复合型人才。他们不仅能在赛场上为学校争光，更能将龙舟运动所蕴含的团结、拼搏、进取等精神融入未来的学习、工作与生活中，成为传承与推广龙舟文化的重要力量。具体而言，龙舟运动人才应具备以下特征。

1. 技术精湛

掌握划桨、舵手、鼓手等不同角色的专业技术，能够在比赛中精准执行战术动作。

2. 体能充沛

具备良好的耐力、力量和爆发力，能够应对高强度的龙舟比赛。

3. 团队协作能力强

理解团队合作的重要性，能够在团队中发挥各自的优势，相互配合，共同完成比赛目标。

4. 文化素养高

了解龙舟运动的文化内涵，能够传承和弘扬龙舟文化。

5. 创新思维与可持续发展能力

具备创新意识，能够在训练和比赛中提出新的思路和方法。同时，具备可持续发展的能力，能够在毕业后继续从事与龙舟运动相关的工作或研究。

（二）龙舟运动人才的层次划分

龙舟运动人才可以根据其能力与发展方向分为不同层次。

1. 基础层

基础层主要指具备基本龙舟运动技能的学生，他们能够参与日常训练与校内比赛，是龙舟运动普及的重要力量。这一层次的学生主要通过基础课程和简单的训练活动，掌握龙舟运动的基本知识和技能，进而培养对龙舟运动的兴趣和爱好。

2. 骨干层

骨干层主要指技术熟练、体能优秀且具备一定战术理解能力的学生，他们是高校龙舟队的中坚力量，能够代表学校参加省级比赛和国家级比赛。这一层次的学生在基础层的基础上，通过系统的训练和比赛实践，进一步提升技术水平和战术能力，从而成为龙舟队的核心成员。

3.精英层

精英层主要指在龙舟运动中展现出卓越天赋与潜力的学生，他们不仅在技术、体能与战术上出类拔萃，还具备较强的创新思维能力与领导能力，未来有望成为国家级运动员或龙舟运动的推广者与研究者。这一层次的学生是高校龙舟运动人才培养的顶尖目标，需要通过个性化的培养方案和高水平的训练与比赛，为其未来的职业发展奠定坚实基础。

二、国家对高校龙舟运动人才培养的要求

（一）文化传承与体育教育的融合

国家强调要立足于文化传承与体育教育的深度融合。一方面，要通过龙舟运动教学与训练，培养学生对传统文化的认同感与自豪感，让龙舟文化在校园内生根发芽；另一方面，要遵循体育教育规律，科学规划人才培养路径，提升学生的体育素养与竞技水平。具体要求如下。

1.文化教育

深入挖掘龙舟运动的文化内涵，通过课堂教学、文化讲座、实地考察等方式，让学生了解龙舟运动的历史渊源、文化价值和社会意义，增强学生的文化自信。

2.体育教育

遵循体育教育规律，科学规划课程体系和训练计划，注重学生体育素养的全面提升，涵盖技术素质、体能素质、心理素质等多个方面。

（二）体教融合与多元发展

国家鼓励高校积极探索“体教融合”模式，为龙舟运动人才提供多元发展通道，使其在学业与体育特长上都能取得优异成绩，培养德智体美劳

全面发展的社会主义建设者和接班人。高校应通过优化课程设置、提供个性化培养方案等方式，确保龙舟运动人才在追求体育梦想的同时，学业发展不受影响，为学生未来的职业生涯奠定坚实基础。具体措施如下。

1. 优化课程设置

高校应在保证体育专业课程的同时，合理安排文化课程，确保学生在体育课程上和文化课程上都能取得平衡发展。

2. 个性化培养方案

高校应根据学生的兴趣、特长和发展目标，制定个性化的培养方案，为学生提供多元化的学习和发展路径。

三、高校龙舟运动课程设置

高校龙舟运动课程设置是龙舟运动人才培养的重要环节，其目标是通过系统的理论教学与实践教学，全面提升学生的综合素质，培养出既具备扎实的龙舟运动技能，又深刻理解龙舟文化内涵的复合型人才。高校龙舟运动课程设置分为理论课程和实践课程两大模块，二者相辅相成，共同构建起完整的龙舟运动人才培养体系。

（一）理论课程

理论课程是龙舟运动人才培养的基石，高校通过系统的理论教学，帮助学生建立扎实的知识体系，为实践操作提供理论支撑。理论课程主要包括以下三门课程。

1. 龙舟运动文化概论

龙舟运动不仅是一项体育竞技项目，更是一种承载着丰富文化内涵的传统活动。本课程深入讲解龙舟的起源、发展、文化内涵，以及其在不同地域的特色与演变，帮助学生从文化层面理解龙舟运动的价值与意义。课程内容如下：

(1)龙舟的历史渊源：追溯龙舟运动的起源，从古代祭祀活动到现代体育赛事的发展脉络，让学生了解龙舟运动的历史背景。

(2)文化内涵与精神价值：深入剖析龙舟运动所蕴含的团结、拼搏、进取等精神内涵，以及其在促进民族凝聚力和文化传承方面的重要作用。

(3)地域特色与演变：分析不同地区龙舟运动的特点，如广东、福建等地的龙舟文化差异，以及龙舟运动在不同历史时期的演变过程。

(4)龙舟文化的现代意义：探讨龙舟文化在现代社会中的价值，包括其在体育、文化、旅游等领域的应用与发展。

在教学方法上，采用课堂讲授、文化讲座、实地考察相结合的方式。课堂讲授注重知识的系统性和完整性；文化讲座邀请专家学者分享前沿研究成果和文化见解；实地考察则带领学生走进龙舟文化发源地或相关文化遗址，增强学生对龙舟文化的直观感受和认同感，从而提升学生的文化自豪感和传承意识。

2. 龙舟运动技术与战术理论

技术与战术是龙舟运动的核心要素，掌握扎实的技术和合理的战术是提升竞技水平的关键。本课程详细剖析划桨技术、舵手技巧、团队配合战术等专业知识，为实践操作提供理论支撑。课程内容如下：

(1)划桨技术原理：讲解划桨动作的基本原理，包括握桨姿势，划桨的起桨、入水、拉水、出水等环节的动作要领，以及如何通过正确的发力顺序提高划桨效率。

(2)舵手技巧与作用：分析舵手在龙舟运动中的重要作用，包括舵手的操控技巧、如何根据比赛情况灵活调整船的行驶方向，以及舵手与划手之间的配合要点。

(3)团队配合战术:探讨龙舟团队的战术体系,包括不同比赛场景下的战术运用,如冲刺战术、耐力战术、团队协作战术等。通过经典比赛案例研究,让学生了解战术在实际比赛中的应用效果。

(4)技术与战术的创新与发展:结合现代体育科学研究成果,探讨龙舟运动技术与战术的创新趋势,鼓励学生在实践中尝试新的技术和战术组合。

在教学方法上,采用理论讲解与案例分析相结合的方式。通过多媒体教学手段,展示划桨技术的动作分解、战术运用的动画模拟等,帮助学生直观理解技术与战术要点。同时,组织学生观看经典龙舟比赛视频,分析比赛中的技术运用和战术变化,培养学生的战术思维和分析能力。

3.体育保健与运动营养

龙舟运动是一项高强度的体育活动,对运动员的身体素质和健康状况有较高要求。本课程针对龙舟运动的高强度特点,教授学生如何进行运动损伤预防、恢复,以及合理搭配运动营养膳食,保障学生健康训练。课程内容如下:

(1)运动损伤预防与处理:讲解龙舟运动中常见的运动损伤类型,如肌肉拉伤、关节扭伤等,以及如何通过正确的热身、拉伸和防护措施预防损伤。同时,教授学生基本的运动损伤急救知识和处理方法,如冷敷、加压包扎等。

(2)运动恢复方法:介绍运动后的恢复方法,包括物理恢复(如按摩、理疗)、心理恢复(如放松训练、冥想)等,帮助学生缓解肌肉疲劳、促进体能恢复。

(3)运动营养知识:讲解运动营养的基本原理,包括能量摄入、蛋白质、碳水化合物、脂肪等营养素在运动中的作用，以及如何根据龙舟运动的特点合理搭配膳食，满足运动员的营养需求。

(4)个性化营养方案：根据学生的身体状况、训练强度和比赛需求等，制定个性化的运动营养方案，指导学生在训练期间和比赛期间合理调整饮食结构。

在教学方法上，采用理论讲解与实践操作相结合的方式。理论部分通过课堂讲授，帮助学生掌握基本的保健知识和营养知识；实践部分则通过实际操作演示，如运动损伤急救演练、营养膳食搭配展示等，让学生在实践中掌握相关技能。同时，组织学生参观营养实验室或运动康复中心，提升学生的实践能力和专业素养。

(二)实践课程

实践课程是龙舟运动人才培养的核心环节，通过系统的实践训练，帮助学生将理论知识转化为实际操作能力，提升学生的竞技水平和团队协作能力。实践课程主要包括以下三门课程。

1. 龙舟基础技术训练课

基础技术是龙舟运动的入门课程，通过系统训练，帮助学生掌握龙舟运动的基本操作技能。课程内容如下：

(1)握桨姿势与划桨动作分解：从握桨姿势入手，讲解正确的握桨方法，包括手部位置、握桨力度等。随后对划桨动作进行分解训练，从起桨、入水、拉水到出水，逐一讲解每个环节的动作要领，确保学生掌握正确的技术动作。

(2)上船下船技巧：讲解上船和下船的正确姿势与步骤，强调安全意识，避免因操作不当引发危险。通过反复练习，让学生熟练掌握在不同环境下的上船下船技巧。

(3)基础技术的巩固与提升:在学生掌握基本动作后,通过反复练习和教练的现场指导,逐步提升学生的操作熟练度和动作稳定性。通过设置不同的训练场景和任务,帮助学生巩固基础技术,为进一步提升学生的技术水平奠定基础。

在教学方法上,采用分步教学法和完整技术训练相结合的方式。教练通过现场示范、慢动作回放等手段,帮助学生理解技术动作的细节;学生则通过反复练习,在实践中不断纠正错误动作,逐步提升技术水平。同时,利用视频分析工具,对学生的训练过程进行记录和分析,及时发现训练中所存在的问题并提出改进意见。

2. 龙舟专项体能训练课

龙舟运动对运动员的体能要求极高,专项体能训练是提升学生竞技水平的关键环节。本课程依据龙舟运动的体能需求,设计针对性的耐力、力量、爆发力等训练项目,增强学生的身体素质。课程内容如下:

(1)耐力训练:通过长跑、游泳、自行车骑行等有氧运动,提升学生的心肺功能和耐力水平。耐力训练注重训练的持续性和稳定性,帮助学生适应龙舟比赛中的长时间划桨需求。

(2)力量训练:采用举重、深蹲、卧推等力量训练项目,增强学生的上肢、核心与下肢力量。力量训练注重训练的强度和频率,通过合理的训练计划,帮助学生逐步提升肌肉力量。

(3)爆发力训练:通过跳绳、短跑冲刺、爆发力器械训练等项目,提升学生的爆发力。爆发力训练注重训练的速度和力量的结合,帮助学生在比赛中快速发力,提高划桨效率。

(4)个性化体能训练计划:根据学生的体能基础、训练目标和比赛需求,制订个性化的体能训练计划。教练通过定期的体能测试,评估学生的体能水平,及时调整训练计划,确保训练效果。

在教学方法上,采用周期性训练模式,将体能训练分为准备期、竞赛期和恢复期。准备期应重点进行基础体能训练,帮助学生逐步适应训练强度;竞赛期则侧重专项体能训练,模拟比赛强度进行高强度间歇训练,提升学生的竞技状态;恢复期通过拉伸、按摩、瑜伽等方式,帮助学生缓解肌肉疲劳,促进体能恢复,预防运动损伤。同时,利用体能监测设备,实时监测学生的体能状态,为训练计划的调整提供科学依据。

3.龙舟团队协作与实战演练课

龙舟运动是一项团队项目,团队协作能力是影响比赛成绩的重要因素。本课程通过模拟比赛场景,强化学生之间的沟通、配合与战术执行能力,让学生在真实情境中提升技能、凝聚团队精神。课程内容如下:

(1)团队协作训练:通过团队建设活动和专项协作训练,培养学生的团队意识和协作能力。训练内容包括划桨节奏的统一、团队沟通技巧、角色分工与配合等,帮助学生在团队中发挥各自的优势。

(2)模拟比赛对抗:组织学生进行模拟比赛对抗,让学生在真实比赛中体验比赛节奏和压力。教练根据比赛情况,及时调整战术,指导学生如何在团队中灵活运用战术,提升团队整体战斗力。

(3)比赛策略研讨:通过比赛案例分析和策略研讨,帮助学生理解战术在比赛中的重要性。学生在教练的指导下,分析不同比赛场景下的战术运用,学习如何根据对手情况和比赛进程灵活调整战术。

(4)团队精神与心理素质培养:注重学生团队精神和心理素质的培养,通过团队激励、心理辅导等方式,帮助学生克服比赛中的紧张情绪,提升团队凝聚力和自信心。

在教学方法上，采用角色扮演训练法和实战对抗演练相结合的方式。通过角色扮演，让学生分别扮演划手、舵手、鼓手等不同角色，明确各自职责与任务，培养团队成员之间的默契与信任；通过实战对抗演练，让学生在真实比赛中磨砺团队协作能力，提升比赛经验。同时，组织学生参加校内外的龙舟比赛，以赛代练，进一步提升学生的实战能力和团队协作能力。

四、训练场地与设施保障

(一)训练场地的选择与规划

1. 校内训练池

若校内设有专门的龙舟训练池，应按照国际标准进行建设，确保水深、水域面积、航道设置等符合训练要求。训练池周边应配备完善的配套设施，如更衣室、淋浴间、器材存放室等，方便学生训练。

2. 校外水域合作

若校内未设专门的龙舟训练池，可与周边的湖泊、河流等水域管理部门合作，签订合作协议，合理安排训练时间与场地使用，确保训练的稳定性和安全性。在选择校外水域时，需考虑水域的安全性、水质状况，以及交通便利性等因素。

(二)场地设施的维护与管理

1. 水域环境维护

定期清理水域垃圾，监测水质，保障训练水域的清洁与安全。对于校内训练池，应安排专人负责日常维护，定期更换池水，保持水质达标；对于校外水域，需与水域管理部门密切合作，确保训练区域的水质符合要求。

2. 器材设备管理

加强场地设施的维护保养，定期检查龙舟、桨、救生衣等器材的完好性，及时更换损坏的设备，避免因器材问题影响训练效果或引发安全事故。建立器材管理制度，规范器材的使用、保管与维修流程，确保器材的合理使用。

3. 安全保障措施

制定完善的场地安全管理制度，配备专业的救生员与急救设备，确保学生在训练过程中的安全。在训练前，对学生进行安全教育，讲解水域安全知识与急救技能，增强学生的安全意识与自救能力。

（三）场地设施的优化与升级

场地设施的优化与升级是提升龙舟运动训练水平的重要手段，高校应积极争取各方支持，不断改善训练条件。

1. 争取资金支持

高校应积极争取政府、企业与社会力量的支持，加大对龙舟运动场地设施资金投入的力度，为训练设施的优化与升级提供资金保障。

2. 引进先进设备

高校应引进先进的训练设备，如水上划船机、模拟训练系统等，提高训练的科学性与效率。这些设备可以模拟真实比赛场景，帮助学生更好地掌握技术动作和战术配合。

3.优化场地布局

高校应优化训练场地的布局与功能分区，为学生提供更加舒适、便捷的训练环境。例如，合理规划训练池的航道设置、增加训练区域的面积、改善配套设施的布局等，提升训练场地的整体功能。

第二节　高校龙舟运动教学实践

一、龙舟运动的基本技术

（一）握桨方法

龙舟握桨方法根据划桨操作的位置而定，如果在右舷划桨，桨手需用左手握住手柄，四指从外向内并拢，大拇指从内向外包住桨把，而右手握在桨把的下端（桨叶与桨把的交界处），四指从外向内并拢，大拇指从内向外包住桨把，划行时，手部应自然放松，避免握得太紧，以免手心起泡破皮；左舷划桨与右舷划桨相反。通常，我们把握在上面的手称为"上手"或"推手"，握在下面桨柄处的手称为"下手"或"牵引手"，上手臂所在的肩部称为"推肩"或"上肩"，下手臂所在的肩部称为"牵引肩"或"下肩"。

（二）船上坐姿

右排划手坐姿如下：

1.脚部位置：左脚在前，全脚掌踏实在船板上，确保稳定支撑；右脚在后，位于臀部下方，前脚掌踏在船板上，脚跟微微抬起，以保持身体的灵活性和平衡。

2.身体姿态：大腿和臀部的外侧应紧贴船舷的内沿，这样可以增加身体与船体的接触面积，增强稳定性。同时，身体应保持略微前倾的姿态，重心落在两脚之间，便于发力和保持平衡。

3. 手臂与上身：上半身应保持挺直，双肩放松，避免过度紧张导致能量浪费。手臂自然下垂，准备握住桨柄，确保在划桨时能够充分运用全身力量。

左排划手坐姿与右排划手坐姿相反。

（三）划桨技术

1. 握桨姿势

正确的握桨姿势是划桨的基础，双手间距略宽于肩，拇指与食指捏住桨柄，其他手指自然弯曲握住桨身，这样既能保证握力，又能灵活调整桨的角度。

2. 入水动作

入水动作要求桨叶垂直于水面，快速而有力地插入水中，入水点应在身体前方，与肩同宽的位置，避免桨叶拍打水面产生过多水花，影响划桨效率。

3. 拉水过程

拉水过程是划桨过程中产生推进力的关键环节，身体重心前移，双臂弯曲，利用腿部力量、腰部扭转力与手臂力量的协同作用，将桨叶向后拉，使龙舟获得向前的动力。

4. 出水动作

身体重心后移，手臂向上提拉，使桨叶迅速脱离水面，同时顺势将桨叶向前移动，准备下一次划桨动作。整个划桨过程要求动作连贯、节奏稳定、力量均匀分布。通过反复练习与技术优化，提高划桨效率与速度。

(四)舵手技术

1. 舵桨操控技巧

舵手需具备敏锐的观察能力与快速的反应能力，时刻关注龙舟的行驶方向、水流变化，以及对手的动态。舵桨的操控技巧至关重要，轻转舵桨可微调方向，而大幅度转动则用于快速调整船头方向。

2. 转弯技巧

在转弯时，舵手要根据弯道的大小与速度，合理控制舵桨的力度与角度，避免龙舟失控或偏离航道。同时，舵手还需与鼓手密切配合，通过鼓点节奏的变化，引导划手调整划桨频率与力度，确保龙舟在转弯过程中保持稳定的行驶速度与团队协作。

3. 比赛策略执行

舵手在比赛中还需根据比赛策略，灵活调整龙舟的行驶路线与速度。例如，在冲刺阶段，舵手要精准控制船头方向，确保龙舟以最短距离冲向终点。

(五)鼓手技术

1. 节奏掌控能力

鼓手是龙舟团队的“指挥官”，通过鼓点节奏来统一划手的动作与节奏。鼓手需具备良好的节奏感与掌控能力，根据比赛的不同阶段，灵活调整鼓点节奏。在比赛起航阶段，鼓点节奏要快速而有力，激发划手的爆发力，帮助龙舟迅速取得领先优势；在途中划船阶段，鼓点节奏转为平稳而有规律，引导划手保持稳定的划桨频率，合理分配体力；在冲刺阶段，鼓点节奏再次加快，激励划手全力冲刺，争取胜利。

2.团队沟通与协调

鼓手还需与舵手、划手保持密切沟通，及时传递比赛信息与战术指令。例如：在遇到逆水或强风时，鼓手通过调整鼓点节奏，引导划手加大划桨力度；在转弯时，鼓手与舵手协同配合，确保团队动作一致。

3.心理激励作用

鼓手的鼓点不仅是技术指令，更是心理激励的手段。通过富有感染力的鼓点节奏，鼓手能够激发团队的斗志与凝聚力，帮助队员克服疲劳与压力，保持高昂的战斗精神。

（六）呼吸、起航和冲刺技术

1.呼吸

龙舟的桨频较低，与呼吸较易配合，通常在桨叶出水到下一次抓水前，强调肌肉的放松和呼吸。而在摆桨的最后阶段，桨手开始屏气，以保持肌肉的紧张，为抓水做准备。

2.起航

当运动员在船上逐渐建立起信心，掌握了基本的划桨技术并且能够保持一定的节奏后，就能开始进行一般起航练习了。起航的目的是尽快将船速提升至最大比赛速度。

起航开始的3～4米要求划桨弧度大且有力，这样效率高但稳定性差。运动员应双臂弯曲，将大部分力量均通过躯干转动及肩进行传递。将静止的船迅速加速需消耗大量的能量。一旦在50～60米距离中达到所需的船速，桨频就会相应加快，推桨的手通常高于头部，这种桨频的变化必须保持节奏，不能破坏龙舟的匀速前进。拉桨之前一定要进行 3～4 次深呼吸，以增加肺的吸氧量。在最开始划的 3～4 桨中，运动员不能呼气，以保持肌肉群的紧张状态，以便更好地进行力量传递。

龙舟运动员应根据自己划左桨或划右桨的特点来安排座位，划左桨的运动员应将头略向左偏，划右桨的运动员应将头略向右偏。

3. 冲刺

冲刺实际上是冲线技术。当船体接近终点时的一瞬间，运动员应屏住气，加大划行力度，用力蹬船的同时身体后仰，使船体加速向前，完成最后的冲刺动作。

（七）龙舟教学中常见的错误动作

1. 运动员过于急躁，握桨死板，前臂发僵。

2. 握桨距离与身高不适，太宽或太窄。

3. 握桨臂或拉桨臂的手腕弯曲，前臂未伸直。

4. 桨叶与水面角度过小，水从桨下流走，桨叶所受阻力减小，拉桨不起作用。

5. 入水无力、不稳、不快，溅水花。

6. 拉桨肩前伸不到位。

7. 推桨臂手腕弯曲，引起肘部下降，因而未抓住桨柄，而且腰部力量不能传递到桨上。

8. 桨杆过早向前翘起，未将上体挺直，造成只用手拉桨的现象。

9. 桨叶未完全提出水面，并在下一次插桨前击水。

10. 出桨时把水带起，从而减慢船速。

11.桨柄转动不充分,不是桨叶侧面向前摆动,这样会使空气阻力增大。

12.摆桨时桨握得很紧,因此肌肉,特别是前臂肌肉不能放松。

13.摆桨慢,导致划桨频率不够高。

14.摆桨时抬桨太高,造成肩部疲劳,浪费时间。

15.抬桨不够高,桨叶提前入水。

16.动作无节奏或节奏不鲜明。

以上这些龙舟教学中常见的错误动作,不仅会影响龙舟正确动作技能的掌握和运动成绩的提高,还会影响其他运动员技术水平的发挥,甚至可能对运动员自身的健康造成影响,导致伤害事故的发生。因此,一旦发现错误动作,就应立即找出产生错误动作的原因,并对症下药,寻找纠正错误的方法。

(八)龙舟技术错误的原因及解决办法

1.思想上、心理上的原因

表现为完成动作时目的性不明确,积极性不高,怕翻船、怕苦、怕累、怕受伤,缺乏信心,紧张,注意力不集中。

纠正方法:加强思想、心理、安全教育,采取防护措施。如果学生怕翻船,可以先练习游泳再上船练习。

2.技术上、技能上的原因

表现为对技术概念不清楚、任务不明确,或受到其他运动项目技术的干扰,如排球的扣球动作或投掷项目的用力方法。

纠正方法:通过反复观看录像,强调正确技术的动作要领,选择针对性的纠正方法，如对比技术法、条件作业法、矫枉过正法、诱导法、转移法和辅助法等。

3. 身体训练水平上的原因

表现为动作不协调、不到位。例如，推桨太高，常常是由于转体力量差、转体不够或柔韧性不足等。

纠正方法：在练习技术的同时，加强身体素质训练，特别是核心力量训练、柔韧性训练和协调性训练。可以设计一些针对性的体能训练计划，帮助学生逐步提升身体素质。

4. 教学环境或器材上的原因

表现为动作不协调、船摇晃或起伏大、划不到水等。

纠正方法：向运动员了解情况，及时调整器材，确保器材适合学生的身体条件和技能水平。

二、高校龙舟运动的教学方法

（一）示范教学法

1. 动作示范

在龙舟运动教学中，示范教学法是最直观、最有效的方法之一。教练可以通过亲自示范或借助优秀运动员的视频资料，向学生展示正确的技术动作与操作流程。在示范过程中，教练要注重动作的分解与讲解，突出重点与难点，让学生清晰地看到每个动作的细节与要领。

2. 慢动作与正常速度示范

例如，在讲解划桨技术时，教练先进行慢动作示范，从握桨姿势、入水动作、拉水过程到出水动作，逐一展示，同时详细讲解每个动作的发力点与注意事项，然后进行正常速度示范，让学生感受完整技术动作的连贯性与节奏感。

3. 示范后的互动

教练示范结束后，应鼓励学生提问，针对学生提出的疑问进行详细解答，并通过现场指导，帮助学生纠正错误动作，加深学生对技术动作的理解与掌握。

（二）分组练习法

1. 分组原则

分组练习法在龙舟运动教学中被广泛应用。根据学生的身体素质、技术基础与学习进度，将学生分成若干小组，每组安排一名助教或技术熟练的学生担任组长，进行针对性的练习与指导。

2. 个性化训练计划

在分组练习过程中，教练可以针对不同小组的特点，制订个性化的训练计划，重点突破小组存在的共性问题。例如：对于技术基础薄弱的小组，重点强化基础技术训练，通过反复练习与纠正，帮助学生掌握正确的动作要领；对于技术相对熟练的小组，重点进行战术配合与团队协作训练，提高小组的整体竞技水平。

3. 小组间的交流与合作

定期组织小组间的交流活动，让不同小组的学生分享训练经验与心得，互相学习、互相促进。通过小组间的合作与竞争，营造良好的学习氛围，激发学生学习的积极性与主动性。

(三)情景模拟教学法

1. 模拟比赛场景

龙舟运动具有很强的竞技性与实战性,情景模拟教学法能够让学生提前适应比赛环境、提升应对能力。在教学过程中,教练可以模拟比赛场景,设置不同的比赛情境,如顺水划行、逆水划行、转弯、冲刺等,让学生在真实的情境中运用所学的技术与战术。

2. 心理素质训练

通过情景模拟,学生能够更好地理解比赛规则与战术运用,同时增强心理素质与应变能力。例如,在模拟冲刺阶段,教练通过提高鼓点节奏、增加对手压力等方式,营造紧张的冲刺氛围,让学生在高强度的环境下锻炼划桨速度与团队协作能力,积累实战经验。

3. 比赛策略演练

情景模拟教学法还可以用于比赛策略的演练。教练根据不同的比赛场景,设计相应的战术方案,让学生在模拟比赛中进行实战演练,熟悉战术的运用与执行要点,提高团队的战术水平与应变能力。

三、高校龙舟运动的训练要点

(一)技术规范性训练

1. 动作细节纠正

在龙舟运动训练中,技术规范性至关重要。教练要严格要求学生按照正确的技术动作进行训练,从基础动作到完整技术,从单人练习到团队配合，每一个环节都要注重技术的规范性。通过反复练习与纠正，帮助学生形成肌肉记忆，使技术动作成为一种本能反应。

2. 技术动作的连贯性

例如，在划桨训练中，教练要时刻关注学生的握桨姿势、入水角度、拉水动作等细节，一旦发现错误动作，应立即纠正，确保学生在训练过程中始终保持正确的技术动作，避免因错误动作养成不良习惯，影响未来发展。

3. 技术优化与提升

在学生掌握基本技术动作后，教练应引导学生进一步优化技术动作，提高技术的稳定性和效率。通过视频分析、技术对比等方式，帮助学生发现自身技术的不足之处，并有针对性地进行改进。

（二）体能储备训练

1. 基础体能与专项体能结合

龙舟运动是一项高强度、高耐力的体育项目，充足的体能储备是取得优异成绩的关键。在训练过程中，要制订科学的体能训练计划，合理安排训练强度与时间。在体能训练初期，应注重基础体能的提升，通过有氧运动与力量训练，增强学生的心肺功能与肌肉力量。随着训练的深入，应逐步增加专项体能训练的比例，如高强度间歇训练、耐力划行训练等，提高学生的爆发力与耐力。

2. 个性化体能训练方案

教练要根据学生的体能反馈，及时调整训练计划，避免因过度训练而导致学生受伤或疲劳积累。在体能训练过程中，应注重训练的系统性与连贯性，要确保学生在比赛前处于最佳的体能状态。同时，根据学生的体能基础与训练目标，制定个性化的体能训练方案，因材施教，确保训练效果。

3. 体能训练的监测与评估

定期对学生进行体能测试，评估学生的体能水平与训练效果。测试项目包括耐力测试（如长跑、游泳）、力量测试（如引体向上、深蹲）、爆发力测试（如跳远、短跑冲刺）等。根据测试结果，及时调整训练计划，确保学生体能的持续提升。

（三）团队协作强化训练

1. 团队建设活动

龙舟运动的团队协作要求极高，团队成员之间的默契程度直接影响比赛成绩。在训练中，要通过多种方式强化团队协作能力，通过团队建设活动，增强学生之间的信任与默契。例如，组织团队拓展训练、团队游戏等活动，让学生在轻松愉快的氛围中加强沟通与协作，培养团队精神。

2. 战术配合训练

在日常训练中，注重团队战术配合训练，通过模拟比赛场景，让学生熟悉不同战术的运用与配合要点。例如，在团队战术训练中，教练可以安排不同的战术演练，如“V”字形划行战术、分组轮换战术等，让学生在实践中掌握团队协作的技巧与方法。

3. 团队激励机制

通过团队激励机制，激发学生的团队荣誉感与责任感。例如，设立团队荣誉奖项，对在团队协作方面表现出色的小组或个人进行表彰与奖励，营造积极向上的团队氛围。同时，教练在训练过程中要注重团队精神的培养，通过言语激励、行为示范等方式，引导学生树立团队意识，增强团队凝聚力。

第三节　高校龙舟运动人才的选材标准与方法

一、龙舟运动人才选材的标准

（一）身体素质

1. 身体形态指标

良好的身体素质是龙舟运动人才的基础。在选材过程中，应重点关注学生的身高、体重、臂长、腿长等身体形态指标。较高的身高与较长的臂腿长度有助于在划桨过程中获得更大的划水面积与推进力，提高划桨效率。

2. 身体素质指标

学生的肌肉力量、耐力、爆发力等身体素质指标也极为重要。通过力量测试、耐力测试与爆发力测试等方法，筛选出身体素质优秀的学生。例如，能够完成多次引体向上、深蹲等力量训练动作，且在耐力测试中表现优异的学生，具备较强的体能基础，更适合龙舟运动的高强度训练。

（二）技术潜力

1. 技术学习能力

除了身体素质，学生的龙舟运动技术潜力也是选材的重要考量因素。

在选材过程中，应通过观察学生在基础技术训练中的表现，评估其技术学习能力与掌握速度。例如，在划桨技术训练中，能够快速掌握握桨姿势、入水动作等基础技术，并在短时间内纠正错误动作的学生，具有较高的技术潜力。

2.技术协调性与灵活性

具备良好身体协调性与灵活性的学生，在划桨过程中能够更好地控制身体姿态与动作节奏，适应不同的技术要求。例如，在进行技术动作变换训练时，能够迅速调整动作并保持稳定的节奏，表明学生具有较好的技术潜力，未来经过系统训练有望成为技术精湛的龙舟运动员。

（三）心理素质

1.心理应变能力

龙舟运动比赛竞争激烈，对运动员的心理素质要求极高。在选材过程中，要注重评估学生的心理素质，可以通过心理测试、模拟比赛等方式，考查学生在压力环境下的应变能力、抗压能力与心理稳定性。例如，在模拟比赛场景中，设置突发情况（如对手领先、恶劣天气等），观察学生的情绪变化与应对措施。能够保持冷静、沉着应对的学生，具备良好的心理素质，能够在比赛中发挥出最佳水平。

2.团队合作意识

具备强烈团队合作意识的学生，在龙舟团队中能够更好地融入团队，与队友密切配合，共同为团队目标而努力。例如，在团队协作测试中，能够主动承担责任、积极与队友沟通协作的学生，更有可能在龙舟运动中取得优异成绩。

二、龙舟运动人才选材的原则

想要把那些能够承受巨大的训练负荷，各方面条件都优越并能快速提高运动成绩的“天才”挑选出来，必须遵循科学的原则。

（一）广泛性原则

选材必须有广阔的基础，且覆盖面一定要广。我国地域辽阔，人才众多，为广泛选材提供了得天独厚的条件。民间有大量的龙舟运动人才，可以通过各种途径和方法对各地区的人进行调查和测试，以免遗漏人才。

重点测试是必要的，在目前选材人员设备条件有限的情况下，更应对那些通过经验选拔或比赛选拔出来的运动员进行重点测试。广泛普查在初级选材阶段尤为重要，而重点测试则应在广泛普查的基础上，适用于初级选材阶段、中级选材阶段和高级选材阶段。

为贯彻好这一原则，普及选材科学知识至关重要。科学选材不是科研所一家的事，而是整个龙舟界共同的工作。“只有人人识矿，才会人人找矿。”一旦龙舟界工作者掌握了科学选材的理论与方法，就会发现更多优秀人才。

（二）有效性原则

科学选材是为了选拔适合龙舟运动的优秀人才，所以选材的出发点、方法、手段、内容都要紧紧围绕这一目标展开，通过细致的多方面测试和预测，结合多年的跟踪观察和最终实践验证，选择适合龙舟项目的选材内容、方法和手段，确保这些指标和要求既能恰当地反映早期选材的关键因素，又能不过高也不过低，从而保证选材的针对性和有效性。例如，身高对篮球、排球是影响成绩的主要因素，但对射击就不明显。龙舟运动员男子适宜的身高在 1.75～1.85 米，女子适宜的身高在 1.65～1.75 米。又如，引体向上在测试与训练中应结合龙舟专项发力特点，强调快速摆动上拉，而不是慢速硬拉。总之，有效性原则要求选材的内容、方法和手段必须对龙舟专项运动的主要影响因素具有针对性和有效性，否则会造成事倍功半，甚至得出错误的结论。

（三）可靠性原则

可靠性原则是指选材过程中的测试器具、测试方法、测试结果的评价和预测必须是客观、正确、统一且具有可靠科学依据的。

要贯彻这一原则，就要做到以下几点。

1. 选材的测试器具、指标、测试部位和测试方法应有明确的规定和统一的标准要求，只有这样，取得的数据结果才有可比性和研究意义。

2. 通过重复相同的测量手段获得结果的相同程度要强。

3. 对测试数据的评价要客观公正，不能以主观意愿判断，尤其是对于一些不易明确量值的因素，其评价也要客观、正确、有科学依据。

4. 对选材对象各方面的预测要准确可靠。

虽然选材的内容、方法和手段不是静止的，要随着选材科学的发展而发展，但可靠性原则对每个阶段都是至关重要的。随着科学选材的发展，其可靠性也逐步提升。

（四）因人制宜原则

因人制宜原则是指根据每个人的具体情况，确定锻炼的目的、内容、时间，以及运动负荷等。在龙舟运动的选材过程中，应遵循这一原则。首先，需要明确决定龙舟运动成绩的主导因素。其次，根据龙舟专项的要求，有针对性地确定测试内容。再次，制定相应的指标要求，并采用最适宜的选材方法和手段进行测试。最后，根据测试结果进行评价和预测，从而决定入选对象。

（五）多因素综合分析原则

运动成绩的好坏是由多种因素共同决定的，某一因素的不足在一定程度上会影响竞技能力的发展，但其他因素的突出能在一定程度上避免或弥补这些缺陷。任何人都不是十全十美的，所以要对各种考察和测定结果进行深入细致的分析，要紧紧抓住那些决定运动成绩的主要的、先天性的因素，进行综合权衡，做出合理的取舍，而对那些次要的、可变的因素，则不必过多纠结。

（六）多方法综合运用原则

多方法综合运用原则是指在选材过程中，要采用多种有效的方法和手段来测试、评价、预测入选对象的某一运动能力或综合运动能力。

目前常用的选材方法有经验法、追溯法、科学法。经验选材是教练员在选材实践中获得的感性知识，只要上升到理论层面，它同样会有普遍意义。经验选材不能代替科学选材，它时常带有盲目性和个人倾向的片面性。只有将科学选材与经验选材相结合，才能相辅相成，提高选材的效果。

三、龙舟运动人才选材的方法

（一）校园选拔

1. 广泛宣传与动员

（1）宣传渠道：利用校园广播、海报、社交媒体等多种渠道进行宣传。在校园广播中定时播放龙舟运动人才选拔的通知，介绍龙舟运动的魅力与选材标准，吸引学生关注；制作精美的海报张贴在校园的各个角落，包括教学楼、宿舍楼、食堂等人员密集区域，海报内容应包含选拔的时间、地点、报名方式等关键信息；通过学校的官方网站、微信公众号、微博等社交媒体平台发布选拔活动的详细信息，利用网络的传播优势，扩大活动的影响力。

(2)动员方式：组织各学院的体育教师、辅导员召开会议，向他们介绍龙舟运动人才选拔的相关情况，邀请他们协助并动员学生报名参加；举办龙舟运动知识讲座或展示活动，向学生普及龙舟运动的历史文化、比赛规则、技术技巧等知识，激发学生对龙舟运动的兴趣，鼓励他们积极参与选拔。

2. 选拔测试

选拔测试内容包括身体素质测试(如身高、体重、臂长、力量测试、耐力测试等)、基础技术测试(如划桨动作模仿、上船下船技巧等)与心理素质测试(如心理压力测试、团队合作测试等)。根据测试成绩，结合学生的身体素质、技术潜力与心理素质等综合因素，筛选出初步入选的学生名单。

3. 选拔后的跟踪与培养

(1)定期评估：制订详细的评估计划，定期对学生的训练情况进行全面评估。评估内容包括学生的技术水平提升情况、体能训练效果、心理素质变化等，通过定期的测试与观察，了解学生在各方面的进步程度。

(2)动态调整培养方案：根据学生的成长情况与评估结果，及时调整培养方案。对于进步较快的学生，可以增加更具挑战性的训练内容，进一步挖掘其潜力；对于进步较慢的学生，分析原因，调整训练方法与计划，帮助其克服困难，跟上训练进度。

(3)提供发展机会：为学生提供参加各类龙舟比赛的机会，让他们在实践中积累经验，提升技术水平与比赛能力；组织学生参加龙舟运动相关的培训课程、讲座等活动，拓宽学生的知识面与视野，提升其综合素质。

(二)社团推荐

1. 社团内部选拔

(1)选拔依据：社团可以根据学生在社团活动中的表现进行内部选拔。观察学生在日常训练中的态度，即是否认真对待每一次训练，是否能够积极主动地学习技术动作；关注学生技术进步的速度，即是否能够在较短时间内掌握新的技术要点，提升技术水平；评估学生的团队协作能力，即是否能够与队友密切配合，共同完成训练任务。

(2)选拔方式：通过组织社团内部的比赛、考核等活动，为学生提供展示自己的平台，根据学生在活动中的综合表现进行选拔。例如，举办社团内部的龙舟比赛，设置不同的比赛项目，考查学生在比赛中的技术运用、团队协作、心理素质等多方面的能力。

2. 推荐标准与流程

(1)推荐标准：社团应制定明确且具体的推荐标准，确保推荐过程的公平性与公正性。推荐标准包括：学生的技术水平，如是否能够熟练掌握划桨技术、舵手技巧等；训练出勤率，考查学生是否能够按时参加社团组织的训练活动，保证训练的连续性；团队合作表现，包括学生在团队中的沟通能力、协作精神、集体荣誉感等方面的表现。

(2)推荐流程：社团应建立规范的推荐流程，可以通过民主评议的方式,让社团成员对优秀学生进行投票推荐。同时,邀请社团教练根据学生的综合表现进行专业推荐,确保推荐的学生真正具备潜力与实力。

3. 社团与学校的合作

(1)加强沟通与反馈:社团应加强与学校的沟通与合作,定期向学校反馈社团成员的表现情况,为学校的选材工作提供参考依据。学校也可以根据社团的反馈,及时了解社团的发展情况,给予社团更多的支持与指导。

(2)学校的支持与指导:学校应为社团提供必要的支持,包括训练场地、器材设备、资金等,帮助社团提升训练条件;组织专业教练为社团成员进行技术指导与培训,提升社团的训练水平;指导社团的管理工作,帮助社团建立完善的管理制度与组织架构,提高社团的管理水平。

(三)赛事选拔

1. 赛事观察与评估

(1)观察重点:在各类高校龙舟比赛中,教练应密切关注学生在比赛中的表现。观察学生的技术运用是否规范、合理,是否能够在比赛中灵活运用所学技术;关注学生的团队协作能力,即是否能够与队友默契配合,共同应对比赛中的各种情况;评估学生的心理素质,即是否能够在比赛压力下保持冷静,发挥出自己的水平。

(2)评估方式:制定详细的评估表格,对学生的比赛表现进行量化评估。评估指标包括技术动作的准确性、团队协作的有效性、心理素质的稳定性等多个维度,通过现场观察与赛后分析,对学生的比赛表现进行全面评估。

2.赛事后的跟进与培养

(1)及时沟通与了解:对于在比赛中表现优异的学生,赛事结束后应及时与学生进行沟通,了解其对龙舟运动的兴趣程度、未来发展规划,以及是否愿意进一步参与龙舟运动训练与比赛等情况。

(2)个性化培养方案:根据学生的特点与优势,制定个性化的培养方案。为学生提供专业的技术指导,帮助其进一步提升技术水平;安排针对性的体能训练,增强学生的体能储备;组织心理辅导,提升学生的心理素质,帮助学生更好地应对比赛压力。

(3)提供提升机会:鼓励学生加入学校龙舟队,参加更高水平的训练与比赛,为学生提供进一步提升的机会。学校可以为优秀学生提供参加国内外龙舟赛事的名额,让他们在更高水平的比赛中锻炼自己,提升能力。

3.赛事经验的积累与分享

(1)鼓励参赛积累经验:鼓励学生积极参加各类龙舟赛事,通过比赛积累丰富的比赛经验。比赛经验能够帮助学生更好地了解自己的优势与劣势,学习其他优秀选手的技术与经验,提升比赛能力与心理素质。

(2)组织经验分享会:学校可以定期组织赛事经验分享会,邀请参赛学生分享比赛的心得与体会。分享会可以采用线上与线下相结合的方式,让更多学生能够参与其中。在分享会上,学生可以介绍比赛中的技术运用、团队协作、心理调节等方面的经验与教训,通过交流与分享,帮助其他学生提升比赛能力与心理素质。

四、龙舟运动人才选材的策略

(一)长期规划策略

1.分阶段选材计划

高校龙舟运动人才选材应立足于长期发展规划。高校应结合校龙舟运动的发展目标与实际情况,制订分阶段的选材计划:在初级阶段,注重扩大选材范围,通过校园选拔、社团推荐等多种方式,广泛挖掘潜在的龙舟运动人才,并建立人才储备库;在中级阶段,对储备人才进行系统的培养与筛选,通过科学的训练与测试,筛选出具有较高潜力的学生,使其进入重点培养阶段;在高级阶段,针对重点培养的学生,制订个性化的训练计划,提升其竞技水平与综合素质,为学校龙舟队培养核心力量。

2.人才梯队建设

通过长期规划策略,确保高校龙舟运动人才的可持续发展,为高校龙舟运动事业的长远发展提供坚实的人才保障。建立完善的人才梯队建设体系,根据不同层次人才的特点与需求,提供差异化的培养方案,确保每个层次的学生都能获得充分的发展机会,形成良性的人才循环机制。

(二)多元化培养策略

1.学业与体育的平衡

在选材过程中,不仅要注重学生的竞技能力,还要关注学生的综合素质与多元化发展。高校应为龙舟运动人才提供多元化的培养渠道,鼓励学生在学业、科研、社会实践等方面全面发展。例如:为龙舟运动人才提供学业辅导与支持,确保学生在学业上不掉队;为学生制订个性化的学业计划，合理安排训练与学习时间，帮助学生在学业与体育之间找到平衡，实现全面发展。

2. 科研与创新能力培养

高校应鼓励学生参与龙舟运动相关的科研项目，如龙舟运动技术优化、龙舟运动训练方法创新等，以此培养学生的科研能力与创新思维。为此，高校可以设立专项科研基金，支持学生开展龙舟运动相关的研究工作。同时，高校还可以邀请专家学者举办学术讲座与研讨会，拓宽学生的学术视野，激发学生的科研兴趣。

3. 社会实践与文化交流

组织学生参加龙舟文化交流活动和社会公益活动，提升学生的人文素养与社会责任感。例如：举办龙舟文化进社区活动，让学生向社区居民宣传龙舟文化，推广龙舟运动；组织学生参与国际龙舟文化交流活动，与国外龙舟爱好者进行交流与学习，拓展学生的国际视野与跨文化交流能力。

五、龙舟运动人才选材的实践操作

（一）建立科学的选材评价体系

制定详细的选材评价标准与评分细则，涵盖身体素质、技术潜力、心理素质等多个方面，确保选材过程的客观性与公正性。例如，为身体素质测试、技术测试、心理测试等分别设定权重与评分标准，根据学生的综合得分进行排名与筛选，同时建立选材档案，详细记录学生的各项测试成绩与表现情况，为后续的跟踪与培养提供依据。

(二)加强选材过程的监督与管理

选材过程应接受学校相关部门的监督与管理,确保选材工作的透明度与公正性。为此,需建立选材监督机制,设立监督举报电话与邮箱,及时处理选材过程中的违规行为与问题反馈,切实维护选材工作的良好秩序。同时,选材结果应在学校范围内进行公示,接受广大师生的监督与质疑,确保选材工作的公平、公正、公开。

(三)注重选材后的跟踪与培养

对于入选的学生,要建立跟踪培养机制,定期对学生的训练情况进行评估与反馈,根据学生的成长情况,及时调整训练计划与培养方案。同时,为学生提供必要的资源与支持,如专业的训练场地、优秀的教练团队、完善的训练设施等,确保学生能够得到良好的培养与发展。此外,还应定期组织学生参加培训活动与交流活动,拓宽学生的发展空间,提升学生的综合素质与竞争力。

通过科学合理的选材标准与方法,结合有效的选材策略与实践操作,高校能够选拔出具有潜力的龙舟运动人才,为龙舟运动的传承与发展注入新的活力,培养出更多优秀的龙舟运动人才,推动高校龙舟运动事业的蓬勃发展。

第三章　高校龙舟运动人才的体能训练

体能训练是运动员竞技能力训练的重要组成部分。通过合理负荷的动作练习，结合专项需求改善身体形态、提高身体机能、发展运动素质，对运动员的身体结构和功能进行有目的的改造，从而促进竞技水平的提高。

体能训练通常包括力量训练、速度训练、耐力训练、灵敏性训练、协调性训练和柔韧性训练等。体能训练的任务包括提高运动员的基本运动能力、提高运动员的专项运动能力、提高运动员的健康水平、减少运动伤病的发生，以及促进运动员伤后的功能恢复等。

龙舟运动具有独特的特点，对速度、力量、耐力和协调性要求较高。通过体能训练不仅能提高龙舟运动所需的身体素质，还能改善中枢神经系统和内脏器官的机能、增强体质和提高健康水平。

第一节　力量训练

力量训练是体能训练的核心，在进行力量训练时，需要充分考虑力量表现的相关影响因素，并根据各项目的专项特点和运动员的个体特征来选择相应的训练方法和训练手段。

一、力量的定义

力量是指人体神经肌肉系统工作时克服或对抗阻力的能力。

人体在运动过程中，不仅会受到身体重力、空气或水的阻力、重物负荷、竞技对手的对抗等外力的阻碍，还会受到肌肉的黏滞性、对抗肌的牵引等内力的阻碍。为了完成相应的运动，肌肉需要克服这些内外阻力。竞技体育要求运动员以最高、最快、最强的运动形式完成各种动作，因此，力量对于运动员来说至关重要。

二、力量的分类

近年来，体育科研工作者对力量训练的相关研究已广泛开展，对力量训练的认识也逐渐深入和系统，对力量素质的分类也更为细化，提出了很多新的理念，取得不少新的研究成果。这些研究成果对当前力量训练的实践具有很强的指导意义。目前，力量素质的分类主要包括以下几类。

（一）一般力量和专项力量

根据力量与运动专项的关系，力量可分为一般力量和专项力量，这样分类有助于体能教练更好地选择和安排训练内容。

一般力量是指身体各部位肌肉在完成非特定的专项动作时，对抗和克服阻力的能力。一般力量训练通常很少考虑专项的需求，主要目的是提高肌肉耐力及肌肉力量平衡。

专项力量是指在时空和能量特征上，严格符合专项竞技动作要求的肌肉收缩能力，也就是说，在动作结构、力量性质、肌肉收缩方式、动员肌肉多少及能量供应方式等方面，都与专项动作的特点高度一致。专项力量的水平直接影响运动员的成绩，因此，教练员非常重视运动员的专项力量训练。

一般力量是专项力量发展的前提，专项力量的发展必须建立在一般力量水平的基础之上。如果一般力量水平较低,不仅会影响运动员专项力量的提升,还可能导致运动损伤的发生。

(二)相对力量和绝对力量

根据力量与体重的关系,力量可分为相对力量和绝对力量。这样分类有助于体能教练区分个体的最大力量水平及肌肉质量的好坏,同时也有助于控制运动员体重的变化。

相对力量是指运动员单位体重所具有的最大力量,它在一定程度上反映了肌肉质量的好坏。

相对力量＝最大力量/体重

绝对力量是指在不考虑体重的情况下,运动员所表现出来的最大力量。在此意义上来说,绝对力量和最大力量的含义相同,通常可以通过对抗外界负荷的力值来表示。

(三)稳定性力量和爆发性力量

根据肌肉在运动中的功能,力量可分为稳定性力量和爆发性力量。这样分类有助于体能教练充分认识到稳定性肌肉的重要性,从而促进肌肉发展的协调性。

稳定性力量是指在运动中维持肢体关节稳定的肌肉力量。运动中关节的稳定性需要精密的控制和肌肉的协同工作。人体中某些肌肉有特殊的稳定功能,被称为深层稳定肌。这些肌肉位于关节附近,在神经系统的精密调控下主要负责关节局部的稳定性。稳定肌群的锻炼越充分,身体的力量发挥就越好,动作也会更加流畅,最重要的是可以减少这些肌肉的张力性微细损伤。在全身运动中,稳定肌群起到产生力量、传递力量和控制力量的作用。

爆发性力量是指在一个爆发性动作或一组强有力的突然移动过程中发力的能力，主要体现在肌肉快速收缩产生力量。表层运动肌通常远离关节，肌肉体积较大，产生的力矩也较大，主要负责运动关节和应对外源性应力。运动员的最大力量、快速力量、爆发力等都属于爆发性力量的范畴，它们在快速克服阻力运动中起着决定性作用。因此，爆发性力量训练一直是运动员力量训练的重点内容。

稳定性力量是爆发性力量的基础，但仅靠提高运动员的稳定性力量是不够的，因为快速而有力地收缩才是爆发性力量的主要功能。同理，仅靠发展爆发性力量也是不合理的，因为稳定性力量在动作过程中能够充分动员相关肌群，实现肌肉的协调收缩，从而提高用力效率。

（四）最大力量、快速力量和力量耐力

根据完成不同体育活动时力量的表现特点，力量可分为最大力量、快速力量和力量耐力。这样分类有助于体能教练认识到不同运动项目对力量需求特点的差异。

最大力量是指肌肉通过最大随意收缩克服阻力时所表现出的最高力值。肌肉最大力量在不同项目中的作用是不同的，这主要取决于肌肉所对抗阻力的大小。通常情况下，对抗阻力越大，最大力量的作用就越明显。

快速力量是指神经肌肉系统在一定时间段内产生最大力量的能力，它是力量与速度有机结合的一种能力。快速力量的实质是神经肌肉系统在短时间内产生高速度的能量，其大小取决于运动单位的动员和激活率，以及各肌纤维的收缩特征。快速力量对短跑、短距离游泳、短距离自行车、短距离滑冰、击剑、跳跃、摔跤和拳击等项目的运动成绩有着决定性作用。

力量耐力是指运动员在静力性工作中长时间保持相应强度的肌紧张或在动力性工作中多次完成相应强度的肌收缩的能力。前者称为静力性力量耐力，后者称为动力性力量耐力。动力性力量耐力又包括最大力量耐力、快速力量耐力，以及长时间力量耐力。在不同的运动中，机体对抗的阻力存在着差异，因此，肌肉力量耐力具有专项性。

此外，运动员的力量耐力兼具力量与耐力的双重特点，既要求肌肉具有较大的力量，又要求肌肉能够长时间持续工作。力量耐力的决定因素也表现出双重的特点。当持续运动时间较短时，运动员对短时间最大力量的要求较高；而随着持续运动时间的延长，运动员对长时间力量耐力的要求则有明显提高。

三、龙舟运动员的力量训练方法

龙舟比赛既有短距离项目，也有长距离项目。在力量训练中，对于运动员的力量素质要求较高。因此，在训练过程中，教练员应注意全面提升运动员的力量素质，以适应不同比赛的需求。

根据龙舟运动的技术特点，教练在重点发展运动员上肢力量的同时，也不能忽视对核心力量和下肢力量的训练。具体的训练方法主要如下。

（一）最大力量素质的训练方法

1. 大强度法

要求训练强度逐渐达到极限之后，继续采用中上强度进行训练，直至身体对这种刺激产生适应性反应时止。

（1）负荷强度：85％以上。

（2）负荷数量：每组一般做1～3次，共安排8～10组。

(3)间歇时间:由于训练强度相对较大,每组练习后的体能消耗也相对较多,所以休息时间可适当延长。

2. 极限强度法

极限强度法的特点是负荷强度达到极限值。训练时,先采用接近运动员本人的最大强度进行练习,然后逐步递增。这种方法又称为“阶梯式”训练法。当运动员对某一强度已经适应,并能用该强度连续完成两次运动时,便可增加重量,进入第二阶段的训练,如此逐步递增,通过一个“阶梯”一个“阶梯”地增加强度,不断提高运动员对高强度负荷的适应能力,从而促进力量素质的发展。

(1)负荷数量:由于负荷强度是极限的,所以练习的重复次数和组数都相对较少。

(2)间歇时间:组间间歇时间相对较长。

3. 极限次数法

极限次数法是以某一个强度达到极限练习次数的训练方法。极限次数法的训练强度相对较低,但要求每组的重复次数尽可能多,直到无法继续完成动作为止。这种方法对促进肌肉肥大、增加肌肉横断面积效果显著,同时对运动系统和心血管系统有较大影响。

运用此方法时应注意把握好负荷强度增加的幅度和适应时间,特别要注意对运动员腰部的保护,防止外伤事故的发生。

4. 静力练习法

静力练习法对于提高运动员的最大力量具有显著效果。

(1)负荷强度:用静力练习法发展最大力量时,负荷强度为40%~

50%时,持续时间可为15~20秒;负荷强度为60%~70%时,持续时间可为6~10秒;负荷强度为80%~90%时,持续时间可为4~6秒;负荷强度为95%以上时,持续时间可为2~3秒。

(2)练习组数:不宜过多。

(3)间歇时间:相对较长,以便运动员恢复。

(4)注意事项:①持续时间要适当,避免过短或过长;如果使用不当,会导致肌肉协调功能下降,并对技术训练造成不利影响。②将静力练习和动力练习结合起来训练;注意练习后的放松练习;在练习前提醒运动员做深呼吸,不可用力过猛,保持呼吸均匀,避免因憋气导致的不适。

5. 变换训练法

变换训练法的负荷强度、练习重复次数与组数,以及组间的间歇时间等因素都可根据训练目标和运动员的状态进行变化,如金字塔式训练法:85%强度×5次+95%强度×3次+100%强度×1次的安排等。

(二)快速力量的训练方法

快速力量是力量和速度有机结合的一种特殊的专项力量素质,具有速度和力量的综合特征。运动员在完成某一动作时所用的力量越大、速度越快,表现出的快速力量就越强,所以只有使最大力量和动作速度两方面都提高,才能取得快速力量训练的最佳效果。为了有效提升快度力量,通常会广泛采用发展力量的练习方法,并在力量提升的同时注重发展动作速度。

快速力量训练的主要方法有负重练习和不负重练习两种。

1. 负重练习发展速度力量的方法

(1)负荷强度:负重量的选择要适宜。若负重过大,必然会影响动作完成的速度;相反,若负重过小,又难以表现出速度力量。通常多采用本人最大力量的40%～60%的强度,兼顾力量和速度两方面的发展。在练习中,应要求运动员尽量体会最大用力和最大速度感。在使用较大的负荷强度训练时,要注意动作完成的速度。

(2)练习的次数和组数:通常每组重复练习5～10次,做3～6组。但组数的确定应以运动员在完成动作时不降低速度为限。

(3)间歇时间:组间的间歇时间应比较充分,但也不宜过长。若间歇时间过长,则会导致中枢神经系统兴奋性下降,影响下一组练习的质量。通常间歇时间为2～3分钟。

(4)练习的动作要求正确,并尽量与专项技术动作相结合。

2.不负重练习发展速度力量的方法

(1)不负重练习可采用克服自身体重的练习方式。青少年运动员采用这种练习方式较多。

(2)完成专项比赛性动作的快速练习。这种练习可以是徒手完成的,也可以是借助轻器械完成的。轻器械的重量一般不超过比赛时的用力重量,其目的主要是通过提高动作速度来发展快速力量。练习可安排6～10次为一组,做6～10组,组间间歇2～3分钟。在练习中,要注意动作的快速有力,并符合专项比赛动作的技术要求。常用的轻器械包括哑铃、壶铃、杠铃杆和实心球等。

3.力量耐力训练的方法

(1)练习的强度:若是发展克服较大阻力的力量耐力,可采用本人最大力量的75%～80%的负荷进行重复练习;若是发展克服较小阻力的力量耐力,其最小负荷强度不能低于本人最大负荷强度的35%,若低于

35%的负荷强度，则练习效果不佳。

(2)练习的重复次数与组数：一般要达到极限的重复次数，即坚持做到不能再做为止。这样可以有效改善血液循环和呼吸系统的供氧能力，以及糖酵解供能机制，从而促进力量耐力的增长。练习的组数应根据具体情况而定，通常在保证每组达到极限重复次数的前提下，合理安排练习的组数。

(3)练习的持续时间：若采用动力性练习，可由练习的次数和组数来确定，以完成预定的次数、组数为其练习持续的时间；若采用静力性练习，单个动作的持续时间一般为10～30秒。具体时间取决于负重的大小，负重大则持续时间短一些，负重小则持续时间长一些。

(4)组间的间歇时间：运动员应在未完全恢复的情况下就进行下一组练习，以达到疲劳积累和发展力量耐力的目的。

4. 力量训练的主要形式

(1)负重抗阻力练习：可用于机体任何一个部位肌肉力量的训练，是力量训练最常用的手段。

(2)对抗性练习：依靠对抗双方以暂时的静力作用发展力量素质。对抗性练习不需要任何训练器械或设备，又可激发练习者的兴趣。

(3)克服弹性物体的练习：依靠弹性物体变形所产生的阻力来发展力量素质。

(4)利用力量训练器械练习：借助力量训练器械，可以使身体在不同姿势下进行练习，直接发展运动员所需要的肌肉力量，使训练更具针对性。借助器械还能减轻运动员的心理负担，降低受伤风险。

(5)克服外部环境阻力的练习：做这种练习往往在动作结束阶段所用

的力量较大，每次练习不要求用全力，动作应保持轻快。

(6)克服自身体重的练习：这类练习均由四肢的远端支撑完成，迫使机体局部承受体重，从而提高局部肌肉的力量。

(7)瑞士球练习：在没有稳定支撑的条件下，完成各种徒手或器械的练习。这种练习不仅能发展局部肌肉力量，还能提高全身肌肉和神经的控制能力，有助于运动员在动态划船状态中保持好身体姿势，有效用力并传递力量。

5. 力量训练的基本要求

(1)注意不同肌群力量的对应发展。根据专项竞技的需要，在主要发展运动员大肌肉群和主要肌肉群力量的同时，还要重视小肌肉群、深部肌肉群、远端肌肉群的力量训练。

(2)选择有效的训练手段。根据完成训练任务的需要，科学选择有效的训练手段，并明确规范正确的动作要求。

(3)处理好负荷与恢复的关系。在一个训练阶段中，负荷安排应合理安排大、中、小负荷，循序渐进地提高负荷强度。在小周期训练中，应使各种不同性质的力量训练交替进行。例如，在每周的周一、周三、周五可安排发展爆发力或最大力量为主的训练，并注意组间的休息。一般来讲，训练水平较低的运动员组间休息要长一些。力量训练后，要特别注意使肌肉放松。肌肉在力量训练后会产生酸胀感，肌肉酸胀是肌纤维增粗的体现，也是力量增长的必然过程。但应采取积极措施消除肌肉的酸胀感，以减少能量消耗，保持肌肉弹性，促进恢复。

(4)注意激发练习的兴趣。肌肉工作力量的大小与中枢神经系统发出的神经冲动强度密切相关。神经冲动的强度越大，肌纤维参与工作的数量越多，冲动越集中，运动单位工作的同步化程度越高，表现出的力量也就越大。因此，在运动训练中，应注意提高运动员的练习兴趣与积极性，以提高力量训练的效果。进行爆发力训练时，对神经系统兴奋性的要求更高。

（三）专项力量训练

龙舟专项力量训练主要包括陆上专项力量训练和舟上专项力量训练。这两种训练方式既可以单独进行，也可以穿插进行。在训练过程中，要注意动作的规范性与适切性，确保龙舟运动员的专项力量训练取得最佳效果。

1. 陆上训练

陆上训练以负重下蹲、杠铃卧拉、卧推及高翻等为主。负荷要求：1 次/组×3 组＋3 次/组×3 组＋(4～6)次/组×3 组。组间间隔时间为 4 分钟。

橡皮筋慢速力量训练为 50 次/组×4 组，间歇时间为 3 分钟。

橡皮筋快速力量训练为 20 次/组×4 组，间歇时间为 3 分钟。

2. 水上训练

(1)计数划桨：80 桨/组×6 组，间歇时间为 5 分钟。

(2)计时划桨：5 分钟划桨（频率为 20 桨/分钟）/组×6 组，间歇时间为 5 分钟。

3. 细化肌肉群训练

(1)小臂肌群训练：橡皮筋阻力、臂屈伸（20～30）次/组×6 组，间歇时间为 2 分钟。

(2)大臂肌群训练:杠铃、哑铃反握弯举(20～30)次/组×6组,间歇时间为2分钟;双杠臂屈伸(20～30)次/组×6组,间歇时间为2分钟。

(3)胸部肌群及肩背部肌群训练:橡皮筋扩胸或杠铃片扩胸(20～30)次/组×(6～8)组,间歇时间为2分钟;俯卧杠铃片扩胸(20～30)次/组×(6～8)组,间歇时间为2分钟;杠铃或哑铃耸肩(20～30)次/组×(6～8)组,间歇时间为2分钟;高提、收腹举臂、高架腹肌练习(20～30)次/组×(6～8)组,间歇时间为2分钟。

(四)注意事项

1.力量训练要根据练习者年龄大小安排不同的训练量和强度。对青少年可适当安排一些力量训练,以提高素质、增强体质,但应注意训练强度,以免发生损伤。

2.力量训练要结合龙舟运动所需的部位、性质和动作形式进行安排,要有明确的计划性。

第二节　速度训练

如今,在周期性运动项目中,如短跑、跨栏、自行车、游泳和速滑等,运动员速度能力是衡量运动成绩优劣的关键因素。在非周期性运动项目中,如投掷、跳跃、跳水、体操、自由式滑雪等,运动员的动作速度同样是赢得比赛的核心因素。在球类和搏击类运动项目中,速度素质通过灵敏协调的运动方式成为影响比赛成绩的关键因素。即便是在长距离或长时间的耐力性项目中,速度依然是在较长距离或长时间内的比拼,因此,“快”已成为当代绝大多数运动项目的发展趋势。

一、速度素质

速度素质是指通过加速度获得最大速度的运动能力，它是在特定的运动或技术动作中应用爆发力的结果。速度素质与爆发力密切相关。在竞技运动中，速度主要体现在快速完成动作、对各种信号刺激的快速反应，以及快速位移的能力等方面。在龙舟比赛的起航阶段和冲刺阶段中，速度起着决定性作用。快速的反应速度能使运动员在发令枪响的瞬间迅速做出划桨动作，抢占先机。良好的动作速度能保证划桨频率，提高龙舟的行进速度。在选材时，可通过反应时测试和短距离划桨速度测试来评估运动员的速度素质。

二、速度的结构

速度在竞技运动中包括反应速度、动作速度和移动速度三种形式。反应速度是指人体对各种刺激做出反应的快慢；动作速度是指完成单个动作所需时间的长短；位移速度是指周期性运动中人体在单位时间内通过的距离。龙舟运动员的速度素质是指队员在龙舟比赛时所表现出的快速运动能力，它包括对出发信号刺激的快速反应能力、快速完成划桨动作的能力和使龙舟快速行进的能力。在龙舟运动中，反应速度与动作速度对成绩的影响起着决定性的作用。

三、反应速度与动作速度的影响因素

反应速度主要取决于感受器官、效应器的特征，以及“神经—肌肉”系统的机能状态。反应速度在很大程度上受遗传因素的影响，训练能提高的幅度有限。此外，反应速度还受准备动作和动作熟练程度、感受器和效应器的动员数量、神经肌肉系统间的协调关系，以及年龄等其他因素的影响。

动作速度的大小主要受神经系统的机能状态及其对肌肉的支配能力与控制能力、肌肉力量的大小、各肌群间的协调性，以及技术动作的合理性与熟练程度等因素的影响。此外，柔韧性的好坏会影响动作的幅度和肌肉的收缩功能，进而影响动作的质量和肌肉的收缩效率，从而制约动作速度的发展。

四、速度训练的方法

用最快的速度重复某一动作，有助于提高速度。然而，重复练习只有满足以下条件才能运用。

1. 练习的技术需要达到最高速度。

2. 练习时要注意速度，而不是风格。

3. 训练的持续时间应以动作速度不下降为标准。

4. 速度训练必须以熟悉和易于适应的动作为基础。

5. 在重复训练中，必须确定练习的时间和间歇时间。最短的持续练习时间为 5～20 秒，且不使用外阻力；必须安排适当的休息时间得以实现全面恢复，确保在新的练习开始时不感到疲劳；一旦出现疲劳迹象，如动作频率降低，必须立即停止练习。

五、提高反应速度的训练方法

人们通常利用运动员对信号刺激做出反应所需的时间来评定其反应速度。运动员对不同种类信号的反应时间是不同的。反应速度的评定可以通过实验室的精密仪器进行测量，也可以通过测定运动员从听到发令信号到开始行动的时间差来评定。

反应速度由神经反射通路的传导速度决定，它本质上是一个纯生理过程，不受其他因素影响。纯生理过程的提高是相当困难的，在很大程度上取决于遗传因素，但通过训练可以使运动员潜在的反应速度能力得以提高并稳定下来。在训练中，运动员注意力是否集中对反应速度的影响很大，运动员注意力集中可使神经系统处于适宜的兴奋状态，使肌肉也处于紧张待发状态，此时肌肉的反应速度要比处于松弛状态时可提高60%左右。反应速度的提高在很大程度上取决于运动员对信号应答反应的动作熟练程度，动作越熟练，信号出现时运动员就越能迅速做出相应的反应动作。具体方法如下：

1.信号刺激法是利用突然发出的信号提高运动员对简单信号的反应能力。

2.运动感觉法一般要经过三个阶段。第一阶段，让运动员以最快的速度对某一个信号做出应答反应，然后教练员将所花费的时间告知运动员；第二阶段，先让运动员自己估计做出应答反应花费了多少时间，然后教练员再将实际所用的时间与运动员的估计进行比较，目的在于提高运动员对时间感觉的准确性；第三阶段，教练员要求运动员按事先所规定的时间去完成某一反应的练习，这种练习可以提高运动员对时间的判断能力，促进反应速度的提高。

3.选择性练习是随着信号复杂程度的变化，要求运动员做出相反的应答动作。例如：当教练员喊蹲下并做出下蹲动作时，运动员则站立不动；当教练员喊向左转时，运动员则向右转；当教练员喊一、二、三、四中某一个数字时，运动员应及时做出相应（事先规定）的动作；等等。

六、提高动作速度的训练方法

由于动作速度是嵌入特定技术动作中的，如入水动作速度、拉桨动作速度、冲刺动作速度等，因此动作速度的测量通常与技术参数的测定密切相关，如测定划桨动作周期中的出水动作速度。此外，通过连续多次完成同一动作，还可以计算出平均动作速度(桨频)。

提高动作速度应与掌握和保持正确的技术动作紧密结合。专门性的动作速度训练需与专项比赛动作要求保持一致。例如，在短距离划龙舟训练中所采用的专门性练习、递增速度划(桨频)、顺水划等，运动员专门对出发和冲刺进行练习时，都应对速度(桨频)提出严格要求。在通过反复练习某一个规定动作来发展运动员的动作速度时，应合理变换练习速度。将最高速度练习与变换速度练习结合起来，把相对固定(有规格的)的速度练习与变化(无规格的)的速度练习结合起来，避免动作速度长期稳定在同一个水平上，努力促使运动员突破平时的最高速度。在动作速度训练中，练习的持续时间一般不宜过长。这是因为动作速度训练强度较大，要求运动员保持较高的兴奋性，一般来说不超过 20 秒。练习之间的间歇时间是由练习的强度所决定的。高强度练习会使运动员神经兴奋性下降，不利于用“剩余兴奋”指挥后面的练习，因此间歇时间也不宜过长。例如，持续时间 5 秒、强度达到 95%以上的练习，间歇时间以 30～90 秒为宜。具体训练方法如下：

1.利用外界助力控制运动员的动作速度，如多人划训练等。

2.减小外界自然条件的阻力，如顺风划等。

3.利用动作加速度或器械重量变化发展动作速度，如变速划等。

4.借助信号刺激提高动作速度，如利用同步声音的伴奏，使运动员伴随着声音信号的快节奏做出协调一致的快速动作。

5.缩小完成动作的空间界限和时间界限，如小桨叶划、高桨频划等。

七、提高移动速度训练的方法

测定移动速度的手段是短距离划、跑步和游泳，具体要求包括：一是距离不宜过长，水上为50～100米、跑步为30～60米、游泳为25～50米；二是最好不从起跑计时，而是测定运动员在全速状态下通过某段距离的能力；三是在运动员不疲劳、神经兴奋性高的状态下进行测验；四是可以测定2～3次，取最佳成绩作为参考。

提高移动速度有两个途径：一是通过力量训练，增强运动员的力量，进而提高速度；二是反复进行专项练习。无论通过哪个途径来提高移动速度，在训练中都必须重视确定适宜的训练负荷。

龙舟运动员在进行快速力量训练时，不同练习内容对练习的组数和每组的重复次数有不同的要求。如超等长力量练习，用大量速度做垂直跳30秒、单足跳30～50米等。在训练实践中，运动员力量的提高并不意味着移动速度会立即提高，有时只有在力量训练负荷减少之后，移动速度才可能提高，这种现象被称为"延迟性转化"。具体方法如下：

1.最高移动速度每次练习的持续时间不宜过长，一般来说，应保持在20秒以内。多采用85%～110%的负荷强度，练习的重复次数不宜过多，以免训练强度下降。间歇时间的长短，应能使运动员机体得到相对充分的恢复，以保证下一次练习的进行。当运动员休息时，可采用放松慢划（跑步、游泳）做伸展练习。

2.进行各种爆发力练习。

3.进行高频率的专门性练习。

4.利用特定的场地器材进行加速练习。

八、速度训练的基本要求

（一）专项结合性

速度素质训练应紧密结合运动员所从事的专项运动特点进行。例如，对于龙舟运动员来说，反应速度训练应着重提高其听觉反应能力，因为龙舟比赛的起航信号通常以鼓声或哨声为准，运动员需要在听到信号的瞬间迅速做出反应，启动划桨动作。此外，专项速度训练还应包括划桨频率、划桨力量，以及节奏控制等方面的训练，以全面提升运动员在比赛中的速度表现。

（二）训练时机选择

速度素质训练应在运动员兴奋性高、情绪饱满、运动欲望强的情况下进行，通常建议安排在训练课的前半部分。此时，运动员体力充沛，神经系统处于高度兴奋状态，能够更好地完成高强度的速度训练任务。如果将速度训练安排在训练课的后半部分，运动员可能因疲劳而无法达到理想的训练效果，甚至增加受伤的风险。

（三）应对速度障碍

当运动员的速度提高到一定程度时，通常会出现进展停滞、难以继续提高的情况，这种情况被称为速度障碍。产生速度障碍的原因既有客观因素，也有主观因素。

客观因素：随着技能动力定型的形成，运动员技术动作的空间和时间特征趋于稳定。随着运动水平的提高，运动员神经过程的灵活性需要进一步改进。肌肉收缩所需能量的供应会随着速度的提高遇到更大困难，运动员向前移动所需克服的阻力也会随着速度的提高而增加。

主观因素：包括过早片面发展绝对速度、基础训练不够扎实、技术动作不合理、训练手段单调片面、负荷过度且恢复不足等。为克服速度障碍，可采用的手段有：牵引划（借助外力帮助运动员提高划桨速度）、变速划（通过改变划桨节奏和速度，提高运动员的节奏适应能力）、顺流划（利用水流助力，帮助运动员感受高速划行的感觉）等。此外，还可以通过调整训练计划、优化技术动作、增加训练的趣味性和多样性，以及加强运动员的心理调适能力等方法，帮助运动员突破速度障碍，继续提升速度素质。

第三节　耐力训练

一、耐力素质的定义

耐力素质是指有机体坚持长时间运动的能力。[①] 许多运动项目的竞赛都会持续较长时间。运动员要在竞赛的全过程中保持特定的运动强度或动作质量，就必须具备良好的耐力素质，同时必须具备与持续运动过程中不断积累和加深的疲劳做斗争的能力。

疲劳是一种生理现象，是机体自我保护的体现。疲劳是训练后的必然结果，没有疲劳就说明训练负荷可能不足。然而，疲劳又会使有机体的工作能力下降，难以维持长时间的工作，所以疲劳也是训练中需要克服的障碍。运动员在训练和比赛过程中抗疲劳的能力，反映了他的耐力素质水平。

耐力素质可分为一般耐力和专项耐力。从器官系统分类，可将耐力分为肌肉耐力和心血管系统耐力；从供能特征分类，可将心血管系统耐力

---

① 邱红武.篮球规则理论解析与实践[M].厦门：厦门大学出版社，2022：175.

分为有氧耐力(包括糖酵解供能和脂肪供能)和无氧耐力(包括磷酸肌酸供能和无氧糖酵解供能)。

二、龙舟运动员耐力训练的方法和手段

(一)有氧耐力的训练

1. 持续训练法

(1)负荷强度

采用持续训练法发展有氧耐力时,训练强度相对较小,心率可控制在145～170次/分。这个训练强度对提高运动员的心脏功能特别有效,对改善肌肉的供血能力和提高肌肉直接摄取氧气的能力也有特殊意义。有氧耐力训练的适宜心率可通过公式:安静心率+(最大心率－安静心率)×(60%～70%)来计算。心率控制在这个水平线上,机体的吸氧量可达到最大值的80%左右,心输出量增加,同时促进骨骼肌、心肌中的毛细血管增生。如果心率超过这个界限,如170次/分以上,机体将产生氧债,训练效果也会随之改变。如果心率低于这个界限,如140次/分以下,心输出量无法达到较大值,同时吸入的氧气量也会减少,这将影响训练的效果。

(2)负荷数量

负荷数量取决于运动员的训练水平。训练水平高的运动员能承受较大的负荷量,如可持续跑两个小时;而训练水平低的运动员只能承受较小的负荷量。一般来讲,发展运动员有氧耐力的训练时间不应少于20分钟。

(3)工作方式

运用持续训练法发展运动员的有氧耐力,有多种工作方式可供选择。如中长跑运动员可采用匀速持续跑,将心率控制在150次/分左右,并坚

持 1 小时以上，这种练习节省体力，效果显著。

①越野跑：工作时间为 1.5～2 小时，跑的速度可以保持匀速，也可以根据地形和身体状态进行变化。在自然环境中练习可以提高运动员的兴趣，还能有效推迟疲劳的产生。

②变速跑：为发展运动员的有氧耐力水平，可广泛使用变速跑，负荷强度可从较小强度（如心率 130～145 次/分）提高到较大强度（如心率 170～180 次/分），持续时间在半小时以上，通过变速跑可以提高运动员比赛的适应能力。

③法特莱克跑：法特莱克跑有利于提高运动员训练的兴奋性，吸入更多的新鲜氧气，从而推迟疲劳的出现。其核心特点是无固定模式，通过快慢跑交替拟比赛中的不确定性，同时锻炼有氧和无氧代谢能力。

2. 间歇训练法

(1)负荷强度

采用间歇训练法发展有氧耐力，在工作进行中，心率可达到 170～180 次/分。如果工作距离长，心率就会低于这个数值。

(2)负荷量

间歇训练中分段练习的负荷量常用距离（米）或时间（秒）两个指标来表示。依时间指标来表示，持续工作时间一般不超过 2 分钟，有时甚至只有几秒，这是因为间歇训练法的强度较大，一次练习的持续时间不宜过长，否则会导致训练效果的改变。

(3)间歇时间

运用间歇训练法必须严格控制间歇时间，一般要求机体尚未充分恢复、心率恢复到 120 次/分左右时，便可进行下一次练习。

(4)休息方式

运用间歇训练法两次(组)练习之间应进行积极的休息,以促进恢复。

(5)练习的持续时间

运用间歇训练法练习的总持续时间通常较长,有时需半小时以上,若时间过短,则难以取得理想的训练效果。

3. 循环练习法

根据训练的具体任务,应选择对心血管耐力有显著作用的练习作为主要手段,每站(次)练习的负荷,可按极限负荷的1/3左右来安排。

(二)无氧耐力的训练

1. 负荷强度

无氧耐力训练的强度为80%～100%,目的是使运动员机体处于糖酵解供能状态。一次练习的持续时间为1～2分钟,一般水上300米、跑步400米、游泳100～200米为宜。

2. 重复练习的次数与组数

每组练习的重复次数不宜过多,如3～4次,以保证必要的训练强度。练习的重复组数应根据运动员的训练水平来确定。一般来讲,训练水平低的新手重复组数少,如2～3组;而对于训练有素的运动员,可安排3～5组。确定练习重复组数的基本原则是,确保运动员在最后一组练习中也能基本保持所规定的负荷强度,不应出现大幅度下降。

3. 间歇时间

无氧耐力训练的间歇时间安排有两种方法。一种是采用恒定不变的间歇时间,如每次练习之间休息4分钟;另一种是采用逐渐缩短间歇时间的方式，如第一次与第二次之间间歇时间为6～5分钟，第二次与第三次之间间歇时间为5～4分钟，第三次与第四次之间间歇时间为4～3分钟，这种方式有利于使体内乳酸堆积达到较高值。间歇时间的确定又受负荷距离及强度的影响。一般来讲，距离长、强度大，间歇时间就长；距离短、强度小，间歇时间就短。组间的间歇时间一般要长于组内间歇时间，以利于运动员能够更好地恢复。

（三）专项耐力的训练

专项耐力是指运动员在专项运动中克服疲劳、维持较高运动水平的能力。对于龙舟运动来说，专项耐力尤为重要，因为比赛的距离从短距离到长距离不等，不同距离的专项耐力具有不同的特征。

短距离龙舟比赛主要依赖无氧糖酵解供能系统，重点在于速度耐力。这种类型的耐力训练需要运动员在短时间内输出高强度的力量，同时尽可能延缓疲劳的出现。因此，短距离专项耐力训练的重点是提高肌肉的无氧代谢能力和乳酸耐受能力。通过高强度间歇训练等方式，模拟比赛中的高强度冲刺，帮助运动员适应快速划桨的节奏和强度。

长距离龙舟比赛主要依赖有氧供能系统，重点在于耐力和稳定性。这种类型的耐力训练需要运动员具备良好的心肺功能和肌肉耐力，能够在较长时间内保持稳定的划桨节奏。长距离专项耐力训练通常包括持续的有氧训练，如长距离慢划、节奏划等，以增强运动员的有氧代谢能力，提高其在长时间运动中的耐力表现。

由于龙舟运动具有力量性的特点，专项耐力训练还需要注重力量耐力的发展。力量耐力是指运动员在较长时间内持续输出力量的能力，这对于龙舟运动员在比赛过程中保持划桨力量和节奏至关重要。因此，在专项耐力训练中，应结合力量训练，通过重复划桨练习、负重划桨等方式，提高运动员的肌肉力量和耐力。

三、耐力训练的基本要求

（一）重视呼吸能力的培养

呼吸能力是耐力训练的重要组成部分。机体通过提高呼吸频率和加深呼吸深度来获取氧气。一般来说，未经训练的人在长时间运动中主要依靠增加呼吸频率来满足氧气需求，而高水平运动员更多地是通过加深呼吸深度来提高氧气供应效率。因此，在耐力训练中，应注重培养运动员的呼吸能力，特别是呼吸深度的训练。

在耐力训练中，运动员的每分钟耗氧量与氧气供给量之间往往存在差异，尤其是在大负荷训练时，这种差异更为明显。因此，培养运动员的呼吸能力对于提高耐力表现至关重要。

（二）培养正确的呼吸方式

在耐力训练中，应加强培养运动员用鼻呼吸的能力。从卫生角度来看，鼻腔黏膜可以净化空气，使吸入的氧气在寒冷天气中先被温暖，再进入气管，从而减少尘埃和冷空气对肺部的直接刺激。因此，用鼻呼吸不仅有助于提高呼吸效率，还能保护运动员的呼吸系统。

此外，训练中还应注重呼吸节奏与动作节奏的协调一致性。呼吸节奏紊乱会导致动作节奏被打乱，进而影响运动表现。例如，在跑步训练中，运动员可以通过“两步一呼、两步一吸”的节奏来保持呼吸与动作的同步，从而提高耐力表现。

（三）加强意志品质的培养

耐力训练不仅是对运动员身体素质的考验，也是对其意志品质的磨砺。在耐力训练中，运动员的意志品质起着至关重要的作用。意志坚强的运动员往往能够在面对疲劳、恶劣天气等不利因素时，保持更好的耐力表现。例如，在高温或低气压等不利条件下，运动员需要依靠坚强的意志品质来抵抗这些不利因素，从而完成训练任务。

因此，在耐力训练中，应注重培养运动员的意志品质，可以通过设置具有挑战性的训练目标、模拟比赛环境等方式，帮助运动员提高心理素质，增强其在耐力训练中的抗压能力。

第四节　协调性训练

协调性是指人体在运动过程中，身体各器官、系统在时间上和空间上相互配合完成动作的能力。例如，伸肌与屈肌、上肢与下肢、躯干与肢体、神经与肌肉、感官与运动器官等的相互协同与配合。协调性是完成动作的基本条件之一，它贯穿所有动作的始终，是人体速度、力量、耐力、平衡、柔韧等各种素质与运动技能协同的综合表现。一个人只有具备良好的协调素质，才能使动作做得省力、快速、舒展、流畅、准确、优美，从而顺利完成高度、复杂的运动技能。

协调能力可理解为两个方面：第一，合理地建立完整运动动作的能力；第二，改造已形成的行动形式或提高根据不断变化的条件从一种动作过渡到另一种动作的能力。在现代运动训练理论和实践中，协调能力的作用日益受到重视，被视为发展运动员技能和战术能力的基础。

一、协调能力的分类

龙舟运动员的协调能力可分为一般协调能力和专项协调能力。采用非专项的身体、技术、战术手段，系统地更新运动员的运动经验，完善动作分析器的功能，以及在一定的时空条件下适宜调节肌肉紧张的能力，属于一般协调能力训练；采用龙舟专项身体、技术、战术手段，系统地更新和巩固运动员的运动经验，完善动作分析器的功能，适宜调节肌肉紧张的能力，以及发展运动员的节奏感、平衡感、划船感等专项知觉的训练，则属于专项协调能力训练。

龙舟运动是一项具有标准动作结构和相对固定比赛条件的竞技项目。运动员的协调能力决定了其龙舟技术和战术素养的水平，进而决定了竞技水平的高低。

在发展协调能力训练内容的配置中，也应注意不同年龄段的适宜训练内容。德国学者认为，儿童从 5～6 岁起即可有效地发展节奏感，随后应安排发展灵活性、反应及空间定向能力的练习；9 岁起即可着力发展其平衡能力与准确能力；11 岁起即可发展其专项协调能力，学习高难度动作，并培养划龙舟的感觉。

二、协调能力的评定及训练负荷量度的确定

（一）协调能力的评定

协调能力是龙舟运动员在比赛中实现高效划桨和团队配合的关键素质。判断龙舟运动员协调能力的发展程度，可以从以下两个方面进行评定。

1. 划桨技术的完善程度

协调能力在划桨技术中体现为运动员能否在短时间内完成复杂的动作组合，包括起桨、入水、划水和出水等环节的流畅性与准确性。技术动作的连贯性、节奏感，以及力量的合理分配是衡量协调能力的重要指标。例如，运动员在划桨过程中能否保持稳定的姿势、能否在高速划桨时保持

动作的规范性，都是判断其协调能力的重要依据。

2. 配合能力的高低

龙舟运动是一项团队项目，运动员之间的配合能力直接影响比赛成绩。协调能力在团队配合中体现为运动员能否与队友保持一致的划桨节奏、力度和方向，这不仅需要个体动作的协调性，还需要团队成员之间的默契配合。例如，在比赛中，龙舟队能否保持整齐划一的动作、能否在不同速度和节奏下快速调整配合，都是衡量团队协调能力的重要方面。

（二）训练负荷量度的确定

协调能力训练对运动员的神经系统提出了较高要求，需要高度集中注意力、具备精细的分化和调节能力，以及强大的意志力。形成新的动作协调形式或改造已巩固的协调关系，对于神经系统来说是一项极具挑战性的任务。因此，在安排协调能力训练时，需要特别注意训练负荷量度的确定。

1. 训练时间安排

协调能力训练最好安排在训练课的基本部分开始时进行，此时，运动员的神经系统处于较为兴奋的状态，能够更好地完成复杂的协调任务。同时，应适当控制总负荷量，一般不超过60分钟，以确保运动员能够在最佳的心理状态下和运动状态下完成练习。过长的训练时间可能导致运动员疲劳，进而影响协调能力的发挥。

2. 休息时间安排

在协调能力训练中，练习之间的休息时间至关重要。休息时间应不少于防止因疲劳导致协调破坏所必需的时间。如果在重复练习过程中出现协调能力下降的趋势，如动作变形、节奏紊乱等，应适当增加休息时间，或暂时转换为不需要新复杂协调任务的练习。这不仅有助于避免因过度疲劳导致的协调能力下降,也有助于运动员在恢复后更好地完成后续练习。

3.训练原则

(1)循序渐进原则:从简单到复杂,逐步增加动作的难度和复杂性,避免一开始就进行过于复杂的练习。

(2)个体差异原则:根据运动员的个体差异,如技术水平、身体素质和心理状态等,灵活调整训练内容和负荷量度。

(3)多样化原则:采用多种训练手段和方法,增加训练的趣味性和多样性,避免单调重复的练习导致运动员失去兴趣。

三、龙舟运动员协调能力训练的方法

龙舟运动员协调能力的训练方法选择应遵循的基本原则是:通过一般训练和专项训练手段进行大量练习,克服动作中的困难因素,建立和强化机体各部位之间的协调联系。训练方法的有效性不仅在于采用与竞技专项协调性相近的练习,更在于采用本质上有不同协调结构的练习,这些练习在培养协调能力方面起着至关重要的作用。技能的掌握并非单纯为了其本身,更是为了在形成新的动作协调形式或与已掌握的协调形式相互作用的过程中获得发展效应,从而锻炼协调能力并提升整体水平。

在每一个训练阶段,使用已习惯的训练手段和新的训练手段时,必须保持一定的比例。随着训练阶段的推进,专项练习的时间逐渐增加,而用于掌握辅助性练习的时间则相对减少。因此,在龙舟运动训练过程中,随着专项化的深入,引入不寻常的因素以保障对动作协调性不断提高的要求,是培养协调能力的主要方法路线。这一路线在方法上可以具体分解为以下三种处理办法。

1.通过严格的规定，改变运动员已习惯的运动动作的某些特点或整个形式，增加动作协调的难度。例如，改变划桨的节奏、幅度或力度，或者调整龙舟的重心位置，迫使运动员在新的条件下重新调整和适应动作协调方式。这种方法可以帮助运动员突破原有的动作模式，提升其对不同动作要求的适应能力。

2.让运动员在不习惯的组合中完成已习惯的动作。例如，在不同的团队阵容、不同的划桨位置或不同的比赛情境下进行训练。这种做法可以打破运动员对固定模式的依赖，增强其在复杂环境下的协调能力。通过这种方式，运动员能够更好地应对比赛中的各种突发情况，提高其应变能力。

3.利用不同的外部条件迫使运动员改变已习惯的动作协调形式。例如，在顺流和逆流条件下进行划桨训练，或者在有风浪的环境中练习保持平衡和稳定。这种方法可以帮助运动员适应各种复杂的比赛环境，增强其在不同条件下的协调能力。

每一种处理办法都可以通过多种局部性的方法来实现。例如：在改变运动动作特点时，可以通过调整训练器械的重量或形状来增加动作难度；在不习惯的组合中完成动作时，可以通过改变训练的团队结构或比赛规则来增加复杂性；在使用不同外部条件时，可以通过模拟不同的比赛场景来提高适应性。

此外，为了充实龙舟运动员的运动技能储备，还可以采用以下辅助性训练手段。

第一，竞技辅助性体操练习（包括技巧练习）。通过体操练习提高运动员的身体灵活能力、平衡能力和空间感知能力，这些能力对于龙舟运动中的划桨动作和团队配合至关重要。

第二,活动性球类项目。参与球类运动可以提高运动员的反应速度、协调能力和团队合作能力,这些能力在龙舟比赛中同样适用。

第三,游泳等水上项目。游泳训练可以增强运动员的水感和身体控制能力,同时提高其心肺功能和耐力,这对于龙舟运动的体能要求非常有效。

第四,与专项相近的其他项目。如皮划艇、赛艇等水上项目,这些项目与龙舟运动在技术动作和体能要求上有相似之处,通过参与这些项目,运动员可以更好地理解和掌握相关技能,同时提高其协调能力。

第四章　高校龙舟运动人才的心理辅导

第一节　心理训练概述

一、心理训练概念的界定

心理训练是一种系统化、科学化的训练方法，通过一系列精心设计的心理干预手段，有意识、有目的地对运动员的心理活动进行积极影响。其核心目标是帮助运动员在紧张激烈的比赛环境中保持高度的心理稳定性，从而确保其竞技水平能够正常发挥，甚至超常发挥。这种训练方法不仅能提升运动员的心理素质，还涵盖了情绪管理、应激反应调控，以及比赛中的心理策略运用等多个关键领域。通过心理训练，运动员能够培养更强的自信心、更集中的专注力、更高的抗压能力，以及更出色的团队协作精神，使他们在面对各种复杂挑战时，依然能够保持冷静、果断，并以高效的方式应对，最终取得优异的成绩。

心理训练是现代运动训练体系中不可或缺的重要组成部分，它与传统的身体训练和技术训练紧密结合、相互补充，共同构成了运动员全面发展的坚实基础。在当今的竞技体育领域，运动员之间的体能水平和技术水平往往非常接近，因此，心理因素在决定比赛胜负时扮演着至关重要的角色。通过心理训练，运动员能够在关键时刻保持最佳的心理状态，从而充分发挥自己的体能优势和技术优势,实现竞技水平的最大化提升。

二、心理训练的重要作用

在现代运动训练中,运动员的心理训练已经逐渐成为不可或缺的重要手段,它与日常的身体训练和技术训练紧密结合,共同构成了现代运动训练的完整体系。人体的运动潜力在于体能因素、技术因素和心理因素的有机结合。其中,心理因素不仅直接影响运动员体能和技术水平的发挥,还在很大程度上决定了运动员在关键时刻的表现。尤其在运动员的体能和技术水平日益接近的条件下,比赛中谁胜谁负,往往取决于心理因素。

在龙舟竞赛中,团队的协作性和个体的差异性使得心理训练显得尤为重要。龙舟队通常由23名队员组成,每个队员的心理素质存在个体差异,赛场的气氛、裁判的判罚、领导的压力、器材的好坏,以及对名次的渴望等因素,都会对每个队员的心理活动产生不同的影响。此外,龙舟队的情绪体验具有群体性特点,任何一名队员的心理失常或消极情绪的产生,都可能波及全队,进而影响整个团队的竞赛水平发挥。例如,一名队员因紧张而划桨节奏紊乱,可能会导致整个团队的配合失调,最终影响比赛成绩。因此,心理训练在龙舟运动中具有不可替代的重要作用。

随着龙舟运动的广泛开展,训练和比赛的负荷量与负荷强度不断增加,运动员的心理负荷也随之增大。为了使运动员在训练和比赛中保持心理稳定性,进而获得优异成绩,必须对赛前的心理准备、赛中的心理调控,以及赛后的心理调整予以充分重视。赛前的心理准备可以帮助运动员调整心态,树立信心,缓解紧张情绪;赛中的心理调控能够帮助运动员保持冷静,应对突发情况,维持最佳竞技状态;赛后的心理调整则有助于运动员总结经验,调整心态。

通过系统的心理训练,可以有效提升运动员的心理素质,增强其应对比赛压力的能力,从而在激烈的竞争中保持稳定发挥,取得优异成绩。教练和团队应高度重视心理训练,将其纳入日常训练计划,通过科学的方法和手段,帮助运动员全面提升心理素质,为比赛做好充分准备。心理训练不仅有助于运动员在比赛中发挥出最佳水平,还能促进他们的全面发展,使他们在面对各种挑战时都能保持积极的心态和高效的表现。

第二节　运动员的赛前心理准备

一、赛前心理准备是形成最佳竞技状态的重要手段

(一)赛前心理准备的重要意义

运动员在参加重大比赛前需要做好各方面的准备,包括体能、技战术和心理上的准备。在临近比赛时,运动员的体能和技战术水平通常不会有太大的变化,而情绪的变化却最为显著,有时一些微小的因素甚至会引起运动员情绪的大起大落。因此,赛前做好心理准备、控制情绪的波动对运动员来说尤为重要。从某种程度上来讲,比赛前的心理准备和比赛中的心理稳定,甚至比体能和技术准备还要重要,它直接关系着运动员竞技水平的发挥。

(二)赛前心理准备的目的和主要内容

赛前心理准备的主要目的是增强运动员的心理稳定性,使其树立必胜的信念。通过各种心理措施来消除运动员赛前可能出现的新心理障碍,理顺思想,调节情绪,建立积极的心理定势,从而形成理想的赛前心理

状态。

运动员在比赛前的心理活动往往表现得异常活跃，教练员应善于了解和把握运动员的心理状态，并有针对性地开展深入细致的工作。可以从以下几个方面帮助做好赛前心理准备。

1. 明确比赛任务，建立适宜目标

目标的要求应既能充分调动和发挥运动员的机能潜力，又能为运动员所接受，避免给运动员造成思想包袱。为了避免目标过高给运动员带来心理压力，所定指标最好略留余地。

2. 激发良好比赛动机

所谓比赛动机，是指驱使运动员去参加比赛的内部动力。运动员只有抱有适宜的比赛动机，渴望参加比赛，才能自觉地、积极地、最大限度地发挥自身潜力。若动机过于强烈，超过了适宜水平，则会导致运动员精神过度紧张，过于关注比赛结果，从而影响竞技水平的正常发挥。

3. 增强运动员取胜的信心

信心是成功的基石。因此，当运动员在赛前遇到暂时的挫折和不利因素的干扰而影响比赛信心时，可以通过认知训练帮助运动员充分认识到自己的优势，给予鼓励、动员或进行过去成功体验的意象练习。通过这些积极的手段来帮助运动员增强信心，使其敢于竞争、勇于拼搏，从而调整好心态，更好地投入比赛。

良好的心态能够更好地发挥大脑皮层神经系统的调节支配机能，保证运动员顺利地参加比赛。因此，当运动员赛前情绪过高或过低时，应及时采用心理训练中的减感练习法或增感练习法，有针对性地进行调控，使其心态趋于最佳状态。

4.建立赛前行为程序和思维程序

赛前何时应当想什么和何时应当做什么，这些程序因人而异。教练员要使运动员在赛前能够有效地控制自己的身心活动，成功地排除来自内部或外部的各种干扰，保持情绪的稳定。

5.全面认真地分析比赛形势和各种利弊因素

这对龙舟竞赛尤为重要，一方面，要充分看到我方的长处和对方的不足，从而增强自信心；另一方面，要清醒地看到我方的不足和对方的长处，不可盲目乐观和夜郎自大。同时还需针对双方的情况及我方可能遇到的困难，制定出具体、切实可行的竞赛方案，以应对复杂多变的比赛局面，做到防患于未然。

6.掌握简易可行的自我调整心态的方法

教会运动员掌握一些简易可行的自我调整心态的方法，如自我暗示法、调整呼吸法、转移注意法或集中注意法等，可以提高运动员的自我控制能力，使其能及时排除临场出现的紧张情绪，应对各种意外干扰。

（三）赛前心理准备的任务和措施

通常龙舟竞赛多采用短期集训，长期集训相对较少。此处主要讲述短期集训的心理准备任务和措施。心理训练要贯穿整个运动训练过程，而并非仅仅在临近比赛时才进行。

1.赛前心理准备任务

（1）确定适宜的比赛目标。

（2）形成适宜的激活水平和心态。

（3）在临赛前对运动员进行心理咨询。

(4)向运动员提供为完成任务所需要的信息。

(5)帮助解决各种赛前心理障碍。

2. 赛前心理准备措施

(1)激发比赛动机。

(2)学会自我调控的方法和手段。

(3)面谈、诱导、鼓励、自我暗示。

(4)赛前程序习惯化。

二、赛前激活水平的最佳控制是赛前心理准备的重要环节

(一)激活水平是影响赛前心理状态的关键

运动员在临赛时需要动员身体各有关神经系统进入竞赛工作状态,以充分发挥有机体的最大机能潜力参加比赛。这种对全身各有关器官系统的动员过程被称为激活。

人的中枢神经系统对机体起着主导作用和支配作用。因此,赛前运动员要提高并控制中枢神经系统的兴奋水平,从而促进心血管系统、呼吸系统和运动系统的全面动员。

运动员临赛前的兴奋状态和紧张状态不仅是必然的,也是必要的。适度的紧张能使人体各方面的机能潜力得到充分动员,从而发挥出最佳水平。激活水平过高时会扰乱人体正常的生理过程,过度消耗能量,会导致身体活动难以控制;激活水平过低时大脑将无法获得足够的能量来从事激烈活动。因此,适度的激活水平对于成功参赛起着至关重要的作用。

(二)赛前激活水平的变化和控制

运动员比赛中的激活水平与其运动成绩呈倒 U 字关系。

为了使运动员在比赛中达到适中的激活水平，应使其激活水平的变化随着比赛日期的临近而逐渐升高，到比赛时达到一个较高的水平，并持续一段时间；在比赛结束之后，激活水平应逐步降低，从而获得一个调整恢复期。

最重要的问题在于如何把最适宜的激活水平控制在比赛期间出现。不少运动员赛前过早兴奋，感到全身有劲，渴望尽快投入比赛，到了比赛当天却力不从心，兴奋不起来。这主要是由于赛前过早激活，消耗了过多能量。对此，应及时采取减压练习法，如转移注意力、轻音乐疗法、语言诱导放松训练、游戏法等，以减少比赛信息的输入，同时减少热身赛和记者采访的频率。也有些运动员临赛前还兴奋不起来，这就需要采用增感练习法来加速动员，如语言激励、动员，赛前热身、激烈的身体活动或竞争性游戏等，以帮助运动员提升激活水平，使其最佳激活水平与比赛期相吻合，从而有利于运动员更好地发挥其竞技水平。

运动员的激活水平在赛前往往会受到环境气氛及教练员和队友言行的影响而发生变化。因此，除了提高运动员适应各种刺激的能力之外，教练员还要在重大比赛前一定要加强自我控制，保持情绪稳定，以对运动员形成积极的心理影响。

三、赛前心理状态的典型表现及对策

（一）赛前精神过度紧张状态的表现

1. 表现

这种状态又称为赛前热症、赛前过度兴奋。

（1）其心理过程表现为注意力不集中、头脑发热、思维混乱、记忆减退、知觉迟钝、表象模糊、心不在焉、情绪体验强烈、听不进教练员的指导，很难将注意力集中到即将到来的竞赛活动上；往往对教练员布置的竞赛方案和注意事项充耳不闻，常常遗忘比赛中的重要因素和注意事项。

(2)生理过程表现为血压升高、呼吸短促、心跳加快、四肢颤抖、肌肉发僵发硬。

(3)行为上表现为动作忙乱、坐立不安，对自己的行为失控，不清楚自己要干什么或该干什么。

这种精神过度紧张如果得不到及时缓解，有时还会导致生理机能的异常反应，如头痛失眠、腹痛腹泻、尿频、发高烧、恶心呕吐、食欲不佳、出冷汗等。

上述现象往往在赛前出现而在赛后自动消失，这并非病理现象，而是由于精神过度紧张造成的。这些现象不仅影响比赛成绩，更可能对健康造成损害。这是由于大脑皮层兴奋性过高而产生扩散，导致大脑皮层对植物性神经机能和皮层下中枢的调节功能减弱，从而引发心理过程失调的现象。

2.赛前产生精神过度紧张状态的原因

(1)比赛意义重大，运动员充分体验到比赛形势和比赛任务的严峻性，心理压力过大，因而产生焦虑情绪。

(2)训练程度低，比赛经验不足，自控能力差。

(3)外界传入的虚假信息较多，导致运动员心虚害怕对手，总认为对手比自己强，对自己的实力缺乏信心。

(4)对比赛条件(场地、器材、气候、水土、观众、裁判等)的适应能力不足。

(5)对比赛的期望值过高，想赢怕输，心理负担过重，过多地考虑比赛结果。

3.调节方法

赛前必须控制适宜的比赛动机和期望值，培养运动员的适应能力和自我控制能力，一旦出现精神过度紧张，可采取以下调节办法。

(1)表象调节

在比赛前，可通过语言暗示，运用联想，使运动员脑海中清晰地重现过去获得成功时的最佳表现，体验当时的身体感觉和情绪状态。这种做法对心理调节、增强信心、提高运动成绩是有帮助的。表象重现是一种积极的意念，它可以间接地促使自主神经系统活跃起来，进而促进心跳加快、呼吸加强，使新陈代谢过程中的血流量增加、糖分解加速、能量供应充足。这不仅能加强全身增力感觉和增力情绪，还能促使运动员进入最佳竞技状态。

(2)表情调节

表情调节即运动员临场时有意识地改变自己的面部表情以调节情绪的方法。情绪状态与外部表情存在着密切的联系，例如：高兴时笑容满面、手舞足蹈；愤怒时怒发冲冠、横眉竖眼；情绪低沉时垂头丧气、萎靡不振；等等。因此，可以通过改变外部表情的方法来相应地改变情绪状态。当感到情绪紧张时，运动员可以有意识地放松面部肌肉，不要咬牙，或者用手轻搓面部，使面部肌肉产生放松感。

(3)活动调节

情绪的产生会引起相应的生理过程变化，而肌肉活动所引起的生理过程变化同样会产生相应的情绪状态。这是因为大脑与肌肉的信息是双向传导的，神经兴奋可以从大脑传至肌肉，也可以从肌肉传至大脑。当情绪过分紧张时，可以采用一些强度小、幅度大、速度和节奏慢的练习，从而降低情绪的兴奋性，消除过度紧张的状态；当情绪低沉时，可以采用幅度小、速度和节奏快的练习,以提高情绪的兴奋水平。

(4)音乐调节

音乐能使人产生兴奋、镇定、平衡三种心理情绪。通过情绪色彩鲜明的音乐来调节人的心理情绪状态,效果十分显著。

(5)呼吸调节

采用呼吸调节是运动员临场处理情绪波动的常用心理调节方法。运动员通过深呼吸可使情绪波动稳定下来。当运动员过于紧张时,常有吸不上气或气短的感觉,这是由于呼吸不完全造成的。这时可以采用加深呼吸或缓慢呼吸来缓解紧张情绪,其中以腹式呼吸法效果最好。当运动员情绪低沉时,可采用长吸气与有力呼气的练习,来提高情绪的兴奋性。

(6)颜色调节

颜色是一种视觉刺激物,它可以同时引发其他感觉,这种现象称为联觉。在比赛前,可以利用联觉现象通过颜色来调节运动员的心理状态。当运动员过分紧张时,接触绿色、蓝色、紫色等色彩具有镇静作用,如设法用绿毛巾擦汗、饮用带绿色的饮料,可缓解过度紧张。

(7)暗示调节

暗示调节是一种通过语言对心理活动施加影响的方法,也可以通过手势、表情或其他暗号来进行。暗示不仅能影响人的心理和行为,还能影响人的生理变化。暗示可以分为自我暗示和他人暗示。在竞赛之前,教练员与运动员应尽量用积极的语言分析对手情况,制定竞赛方案,并树立信心。同时,要避免使用消极言词,例如,用“我很镇静”代替“我不紧张”,用“我充满力量”代替“我还没有疲劳”,用“我站得很稳”代替“千万别摔倒”,等等。此外,教练员和运动员还应十分注意自己的手势、姿态、脸部表情和眼神,这些都是传递暗示信息的媒介,可能对他人的心理产生影响。

(8)转移调节

转移调节是通过强化另一种活动来消除紧张情绪的方法。当情绪过度紧张时,有意识地强迫自己把注意力从应激刺激转移到其他事物上,这就是转移调节的作用机制。例如,进行有浓厚兴趣的娱乐活动,如看演出、逛商店、打扑克、下象棋等,这些活动能暂时缓解紧张情绪。赛前调节紧张情绪的方法有很多,无论采用哪种方法,都要经过运动员的认可,并且在赛前进行系统适应性训练,这样才能在比赛中取得收效。

(9)静坐闭目养神调节

比赛场上人多声杂,意外刺激也不断出现,当运动员由于外界影响而情绪波动时,可在比赛间歇闭目坐在凳子上,把注意力引向自身内部的感觉,如感受身体的放松、心跳的有力等。通过这种方式,运动员可以有效阻止外界信息的干扰,使心情逐渐趋于平静。

(二)赛前淡漠状态的表现

赛前淡漠状态也叫冷漠状态,其心理特点与过度紧张状态相反。

1.表现

(1)心理过程表现:情绪低落,精神萎靡不振,意志消沉,心境不佳,缺乏自信心和参加比赛的意愿,心理过程进行缓慢,知觉和注意过程的强度显著降低,反应迟钝。

(2)生理过程表现:身体乏力,动作怠慢,中午睡不醒,身体发紧,手脚发冷,或是准备活动总活动不开。

2.赛前产生淡漠状态的原因

(1)大脑皮层兴奋性降低,抑制过程加强有关。

(2)神经过程激活不足。

(3)因精神过度紧张而导致抑制状态的出现。淡漠状态严重影响人体各器官系统的充分动员。

(4)赛前训练强度过大而产生过度疲劳,伤病长期不愈而产生淡漠情绪。

运动员因比赛任务过重、困难过多而缺乏对策、意志力较差、缺乏信心和斗志,从而形成赛前淡漠状态。

3.调节方法

(1)采用积极的语言暗示,动员、激励、提高运动员的动机水平,帮助运动员树立正确的比赛态度,增强自信心,充分相信自己的实力、信任教练。

(2)认真分析双方的优劣势,制定出切实可行的具体措施,从而增强信心,鼓舞斗志。

(3)通过模拟训练或赛前热身,提前或增加准备活动的强度,来提高运动员的激活水平,调动其参赛的积极性。

(4)防止赛前过度疲劳。

(三)赛前盲目自信状态的表现

这种状态又称为自我安慰状态。运动员在这种状态下虽然口头上表现出信心,但这种信心是建立在对面临比赛的困难和复杂性估计不足,过高估计自己实力的基础之上的。这些运动员往往表现为浮躁,不愿冷静思考问题,总相信自己能轻易取胜,或侥幸成功,或比赛积极动机下降,赛前不认真分析对手情况和研究对策,对面临的困难持轻视或消极的态度。

1.心理过程表现

知觉、思维和选择决定迟缓,注意强度下降,比赛的警惕性不高,不努力动员自己的全部力量投入比赛；在比赛中一旦失利，情绪就一落千丈、束手无策、急躁烦恼，以致形成恶性循环，使比赛连续失利。因此，赛前盲目自信状态对精神动员和发挥形成较大心理障碍。

2.赛前产生盲目自信状态的原因

(1)运动员有骄傲情绪。

(2)对比赛任务的重要性认识不足。

(3)轻视对手，对情报掌握不准确，在比赛中一旦失利，就会降低自我控制能力。

(4)对待这种盲目自信的状态，除了加强对运动员的思想教育外，还必须认真做好赛前心理准备，认真分析双方有利条件和不利条件，做到知己知彼，心中有数，从而让运动员头脑清醒地参加比赛，避免盲目自信状态的出现。

(四)最佳心理准备状态的表现

1.表现

(1)运动员对面临的比赛任务有清楚的了解和深刻的认识，具备正确的比赛动机和良好的比赛态度，其神经兴奋过程与比赛任务相适应，渴望参加比赛，有全力以赴参加比赛的信心。

(2)运动员精神焕发、精力旺盛，怀着急不可待的心情等待比赛的到来，其主要标志是沉着、自信、专注，能够在比赛中充分发挥技术和实力。

(3)有适度的情绪状态，神经过程的激活水平适中，既振奋又清醒。

(4)有高昂的斗志和充沛的精力以及坚定的必胜信念。

(5)具有良好的抗内外心理干扰能力和自我控制能力，主动地控制对信息的处理。

(6)运动员的动作连贯、流畅、自动化,技术配合整齐划一,时空感、水感特好。

2.心理过程的反映表现

(1)本专项感知觉敏锐性提高、能觉察各种复杂情况的变化。

(2)注意力集中,注意范围扩大,能清楚地知道比赛中应该注意什么和利用什么。

(3)思维过程敏锐,反应迅速。

(4)具有超越自我,战胜自我的良好心态。比赛中最大的敌人就是自己,因此不可过多地考虑比赛结果和存在过多的杂念,要保持平常心。

(5)情绪饱满、精力充沛,具有稳定而深刻的积极情绪状态。

(6)对胜利充满信心,表现为精神振奋地进行准备活动。

处在最佳准备状态时,运动员不仅心理过程加快,动作的反应速度也显著提高,体力和意志力都得到最大限度的发挥。这种状态的产生是运动员长期训练的结果。

总之,从上述四种赛前状态的心理特点分析来看,前三种是赛前的消极状态,第四种才是赛前的积极状态,赛前消极状态是可以克服的,而积极状态是可以保持和发展的。这就要求教练员和运动员找出赛前各种不同状态产生的具体原因,并采取相应的具体措施,通过合理的训练,经常性地提高运动员对各种反应的稳定性。

四、运动员的赛前心理准备训练

赛前的心理准备训练对运动员的临场发挥起着重要作用。如果赛前缺乏充分的心理准备,在比赛中往往会陷入混乱,从而导致失败。

赛前的心理准备训练的具体事项很多,但从心理学的角度来看,最关键的是使运动员既要有夺取比赛胜利的强烈愿望,使其认真对待比赛,又要能控制自己的情绪,使其保持在一个最适宜的兴奋水平。

在比赛中,常因心理准备不足而导致运动员出现两种倾向。一种是运动员过于乐观,因而忽略了竞赛准备工作,对困难估计不足,造成赛前麻痹大意,赛中茫然失措的局面。在这种情况下,运动员的情绪变化一般是掉以轻心、松松垮垮,随后出现忙乱、急躁,最后比赛失利。另一种较为普遍的倾向是担心"比不好怎么办",以致背上思想包袱,表现出畏难、害怕、紧张等情绪。

这两种情绪状态,都会导致比赛失利。因此,运动员临场时的想法与能否发挥自己的实力密切相关。赛前要让运动员充分相信自己的实力和教练;临场时要将注意力集中在如何更好地发挥水平上,并准备好相应的竞赛措施和应变措施。为此,应做好以下心理准备训练。

(一)知己知彼,提高应变能力

运动员参加比赛时,必须时刻保持清醒的头脑,理顺自己的思路、端正心态,并清楚了解自己技术上的特点与不足,对于在比赛中如何做到扬长避短,需要在赛前做好充分准备。此外,能预先准确并详细地掌握对手的情况,就可以提前制定好相应的对策。同时,还要准备应对那些可能发生的变化,包括赛场上可能出现的各种复杂情况。在任何情况下,赛前获取的对手信息只能作为参考,在不利的条件下,运动员要能够尽力发挥所长,克服所短。因此,赛前的心理准备要加强这方面的训练。

(二)对容易引起临场紧张因素加强预防训练

赛前心理准备训练的另一个重要方面,是针对比赛中容易引起运动员心理紧张的因素进行训练,使运动员保持稳定的心理状态。例如,器材出现故障、裁判误判或不公、起航没划好等特殊情况,往往会使运动员产生心理紧张。这就要注意通过训练让运动员学会能在各种复杂的情况下控制自己的情绪和行为。

(三)激发运动员的责任感和集体荣誉感

运动员在比赛中运动潜力的发挥,还来源于运动员的责任感和集体荣誉感。体育竞赛最大的敌人就是自己,战胜自己往往比战胜对手更难。当运动员具备高度的责任感和集体荣誉感时,就会有顽强的拼搏精神,形成超越自我、战胜自我的良好心态,这样才有可能战胜困难、战胜对手。

(四)正确对待比赛胜负

龙舟竞赛的胜负是比赛的必然结果,但不是竞赛的唯一目的。竞赛的目的是以比赛为契机,进一步推动龙舟运动的发展与技术水平的提高。而对于参加比赛的运动员来说,必须具备争取胜利的愿望,才能通过竞赛实现龙舟技术水平的提高。因此,“胜负无所谓”或“只许胜,不许负”这两种观点都是错误的。前者是一种消极思想的表现;后者会加剧运动员的紧张情绪,从而阻碍其正常发挥实力。

运动员在比赛中要充分发挥其主观能动性,应正确认识胜负的辩证关系。比赛中的胜负是有着内在联系的两个方面,在一定条件下可以相互依存、相互转化。当运动员暂时领先时,如果骄傲自满,麻痹轻敌,放松了主观努力,就会使强者变弱,由胜转败;当运动员暂时落后时,如果毫不气馁,及时总结经验,奋力拼搏,努力追赶,则有可能反败为胜。因此,应使运动员认识到,胜利中并不全是积极因素,其中也有消极因素,失败中也并不全是消极因素,其中也有积极因素。运动员只有明确认识这种胜负的辩证关系,才能做到胜不骄、败不馁,避免因过于计较胜负而出现临场紧张失常的情况,从而在比赛中发挥出最佳水平,取得优异成绩。

(五)重视对手

不论对手强弱,运动员都要敢于战胜他们。只有敢于挑战对手,才能建立必胜的信心，激励士气，旺盛斗志，从而取得优异成绩。

不论对手强弱，都要高度重视他们，要充分估计困难和认真研究对手，具体分析双方有利条件和不利条件，做到心中有数。如果轻视对手，比赛中一遇困难，就会不知所措。除了做好上述各项心理准备外，让运动员明确比赛任务，激发比赛动机，树立必胜信心，形成最佳的情绪状态，等等，也是运动员赛前应做好的心理准备状态。

第三节　竞赛中的心理控制

一、情绪控制是竞赛中运动员心理控制的核心

在竞赛过程中，运动员的情绪体验往往最为深刻，其变化也最为剧烈。来自内部或外部环境的各种刺激都会引发运动员的情绪反应，例如：积极的心理定势能够增强运动员的自信心；担心害怕对手则可能引发焦虑情绪。观众的呐喊助威可能会激发某些运动员的斗志，但也可能使另一些运动员感到烦躁不安。裁判的误判可能会让运动员产生愤怒或抱怨的情绪，而教练的鼓励和安慰则能给予运动员鼓舞。此外，人民的期望也能成为运动员拼搏的动力。

总之，比赛场上形势千变万化，运动员内心的思想活动也极为复杂，这些因素无一不深刻地影响着运动员的情绪。而情绪与肌肉活动息息相关：积极的情绪可以增强肌肉的协调性和力量输出；消极的情绪则可能导致肌肉紧张、动作变形，甚至影响运动员的决策能力和反应速度。因此，无论面对何种复杂的情况，保持情绪的稳定是比赛成功的基本保证。

二、影响运动员比赛情绪的因素及对策

情绪和情感与机体的生理、生化机制有密切关系,受三种因素所制约:环境影响(刺激因素)、生理状态(生理因素)、认知过程(认知因素)。其中认知过程起关键作用。

(一)刺激因素的影响及其控制

根据情绪三因素学说,刺激因素主要是通过人的感官从外部获得的信息,如比赛环境、气氛、观众、语言、对手的表现等。这些因素往往会对运动员的情绪产生直接影响。

为克服刺激因素的不良影响,最根本的措施是提高运动员的适应能力,降低他们对外界刺激的感受性,使其注意力集中在自己动作的感觉上。例如,通过模拟比赛环境的训练,让运动员提前适应比赛中的各种刺激,增强他们的心理韧性。此外,还可以适当采取信息回避的措施,尽量减少各种刺激的机会,或者利用无关刺激来转移不利因素的干扰。例如,运动员可以通过专注自己的呼吸或内心想象,将注意力从外界干扰转移到自身状态上。

(二)生理因素的影响及其控制

生理因素主要是指有机体内部生理过程的活动状态,包括植物性神经系统的机能水平、内环境的平衡,以及骨骼肌的紧张度等。例如,疲劳、伤病、女子月经前期等生理状况都易引起情绪波动。为了防止生理因素对情绪的干扰和影响,可以通过心理调节、心理治疗中的自我训练法、精神放松法、心理诱导、催眠、气功等方法来应对。例如,通过渐进性肌肉松弛训练,运动员可以在比赛前和比赛中迅速放松身体,缓解因疲劳或紧张导致的肌肉紧张。此外,当运动员具备一定的自我调节能力时,即使处在生理活动失调、疲劳或伤病等困难情况下,也能正确对待并保持积极稳定

的情绪状态。

(三)认知因素的影响及其调控

认知因素可以说是来自大脑的各种中枢信息,包括对过去经验的回忆,以及对未来的想象预测。这些认知因素对运动员的情绪有着深刻的影响,尤其是在比赛的关键时刻,只要运动员脑子里一担心失败,情绪马上就会变得焦虑急躁。因此,要防止认知因素的不良影响,必须建立正确的思维定式和程序,用积极的内心想象占据大脑。例如,运动员可以通过积极的自我暗示进行自我鼓励和自我安慰,从而达到自我控制的有效途径。同时,正确控制认知过程还可以合理处理并防止刺激因素和生理因素的不良影响。例如,通过目标设定和积极的心理准备,运动员可以将注意力集中在比赛目标上,而不是过去的失败或未来的不确定性。

情绪控制是竞赛中运动员心理控制的核心。通过分析影响情绪的刺激因素、生理因素和认知因素,并采取相应的控制和调节措施,运动员可以在比赛中保持情绪稳定,充分发挥自己的体能和技术水平。教练和团队应高度重视情绪控制训练,将其纳入日常训练计划,通过科学的方法和手段,帮助运动员全面提升心理素质,为比赛做好充分准备。

第四节　竞赛后的心理调整

一、运动员赛后心理调整的必要性

龙舟竞赛是一项极具团队性和竞技性的运动,比赛结果不仅取决于个人的技术和体能,还高度依赖团队成员之间的协作与配合。无论比赛结果如何,都会使运动员在比赛后产生各种积极或消极的情绪体验,这些情绪体验不仅影响运动员个人的心理状态,还可能对整个团队的氛围和后续表现产生深远影响。因此，认真分析运动员赛后的心理状态，并针对存在的问题采取必要的调整措施，是确保运动员保持良好竞技状态和团队凝聚力的关键环节。如果忽视了这一重要环节，就很可能对后续比赛带来不利影响。例如，一次比赛的失利或裁判的误判可能导致全队情绪低落，甚至出现自暴自弃、罢赛、弃权等极端情况。这些负面情绪不仅会削弱运动员的自信心和动力，还可能破坏团队的和谐与稳定，进而影响整个队伍的战斗力。另外，有些队伍由于经不起获胜后的考验，可能会忘乎所以，行为失控，全然不顾后面的比赛。这种过度自信和放松警惕的态度，同样会对后续比赛产生负面影响，导致运动员在后续比赛中表现不佳，甚至出现失误。

教练员应深刻认识到，在龙舟竞赛中，运动员的情绪体验具有群体性的特点。龙舟运动的团队性意味着每个队员的情绪状态都会相互影响，一个队员的情绪波动可能会迅速蔓延整个团队。因此，教练员不仅要关注个别运动员的情绪变化，还要关注整个团队的情绪氛围，通过及时的心理调整，帮助运动员迅速恢复心理平衡。

二、运动员赛后的典型心态

(一)获胜者的心态

比赛成功是所有运动员的共同心愿，这种成功必然会使运动员产生鲜明而深刻的情绪体验。然而，不同的获胜者会产生积极或消极两种截然不同的情绪体验。

积极情绪体验：获胜者通常会对胜利充满自豪感，对所获成绩产生一种心理上的满足感。他们表现为精神振奋、情绪愉快，因胜利而受到鼓舞，信心更强，希望继续参加比赛，不断赢得更好的成绩，为团队做出更大的贡献。这种心态往往伴随着强烈的团队精神和积极向上的态度。

消极情绪体验：部分获胜者可能会表现出骄傲自满、目中无人，对自己估价过高，看不到缺点与不足。他们可能会自我欣赏、自我安慰、无忧无虑、盲目自信，认为今后可以轻易取胜。这种心态可能导致他们在后续比赛中放松警惕，忽视必要的训练和准备，从而影响未来的比赛表现。

（二）失败者的心态

比赛失败或未能发挥应有的竞技水平无疑是令人遗憾的事。但不同的失败者会产生积极或消极两种不同的情绪体验。

积极情绪体验：一些失败者虽然比赛未成功，但能够冷静地发现自己的缺点和不足，全面分析失败的原因，并有针对性地去克服。失败反而激发了他们的斗志，使他们变得更加聪明，更加信心百倍地投入后续比赛和更为科学的训练中，努力挽回此次比赛失败的遗憾。

消极情绪体验：部分失败者可能经不起失败的打击，表现为情绪消沉、怨天尤人、丧失信心。他们倾向将失败归咎于客观原因，因而感到不满、苦恼、失望、抱怨，甚至认为周围的人看不起自己。这种心态可能导致他们从此一蹶不振，不再想参加比赛。

三、运动员比赛调整

（一）提高认识，端正态度

针对不同心理状态的运动员进行心理咨询和心理辅导，帮助他们正确看待比赛结果，调整心态，为后续比赛做好准备。

对获胜者的调整：对于具有积极情绪的成功者，教练和团队管理人员应充分肯定他们的成绩和努力，进一步调动其积极因素，鼓励他们继续保持积极情绪，更加努力拼搏，争取更大的胜利。同时，要教育那些具有消极情绪的获胜者冷静地对待胜利，避免骄傲自满。教练应多指出他们的缺点和不足，帮助他们客观地评估自己，保持清醒的头脑，居安思危。

对失败者的调整：对于具有消极情绪的失败者，教练和团队管理人员应给予更多的鼓励和支持，指出他们的优点和有利因素，增强他们的信心；帮助他们全面分析失败的主观原因和客观原因，找出克服困难的办法，重新焕发争取胜利的斗志。对于那些心情过于沉重、一时难以摆脱失败困扰的运动员，可以让他们先从事其他活动，使精神得以放松，暂时转移注意力，加速摆脱失败情景的影响，待其情绪稳定后，再心平气和地总结分析失败的教训。

无论对于获胜者还是失败者，都要防止他们自我印象的骤然变化，避免因比赛结果而产生过度的自信或自卑，使他们始终保持情绪的稳定状态。通过这样的心理调整，可以帮助运动员在比赛中保持最佳的心理状态，充分发挥自己的潜力，为团队和个人的长远发展奠定坚实的基础。

（二）安排积极性休息，调节精神状态

比赛结束后，运动员通常会消耗大量的精神能量和身体能量，尤其是一些赛期较长且竞争激烈的比赛，运动员所承受的负荷成倍地高于平时。因此，他们在大赛之后都会感到疲劳，其中精神疲劳表现得更为突出。在这种情况下，及时采取一些恢复措施至关重要。

1. 身体恢复

除了必要的体力恢复措施之外，还应安排一些积极性休息，帮助运动员缓解身体疲劳，如可以组织轻松的户外活动、瑜伽或冥想等。这些活动不仅有助于缓解身体疲劳，还能帮助运动员在心理上从紧张的比赛状态中解脱出来，更好地进入休息状态和恢复状态。

2. 精神调节

安排一些轻松愉快的文娱活动，如看电影、听音乐、参加团队聚会等，这些活动不仅能帮助运动员放松心情，还能增强团队凝聚力，营造积极向上的氛围。通过这些活动，运动员可以在轻松的环境中与其他队员交流，分享比赛经验，进一步增强团队合作精神。

3. 生活节奏调整

在比赛后的调整期内，运动员的生活应以轻松愉快、丰富且有节奏为原则。要合理安排休息时间，保证充足的睡眠，避免过度劳累，同时鼓励运动员参与一些有益的社交活动，与家人和朋友交流，进一步缓解精神压力。通过与家人和朋友的交流，运动员可以获得更多的心理支持，更好地调整心态。

通过这种综合的心理调整，不仅有利于运动员在后续比赛中保持良好的竞技状态，也有利于他们的全面健康发展。教练和团队管理人员应高度重视这一环节，采取科学有效的措施，帮助运动员应对比赛后的心理挑战，促进他们的全面发展。

第五章　高校龙舟运动对人才培养的辅助效应分析

第一节　龙舟运动对高校文化建设的价值导向

学校教育是传递文化知识的重要手段，也是民族传统文化传承的主要途径，对提升民族个体对本民族文化传统的认知具有重要作用。在高校中传承民族传统文化，是应对全球化和文化多元化发展的必然趋势，也是促进传统龙舟运动传承和发展的必然选择。高校开展传统龙舟运动的目标，主要是让大学生在了解和掌握传统龙舟运动文化成果的同时，形成对传统龙舟运动及其历史的认同感，从而继承和发扬优秀的传统龙舟运动精神。传承传统龙舟运动所蕴含的特有文化，不仅是中华民族传统龙舟运动生存和发展的需要，也是整个人类共同的财富，正所谓“民族的才是世界的”。

高校教育具有双重性质：一方面，通过学校教育使大学生融入现代化的主流社会，享受现代化的成果，从而实现传统文化与现代文化的融合；另一方面，保留和传承包括传统龙舟运动在内的优秀文化，使大学生获得回归本土社会所必需的知识和技能。然而，高校一般传授的是主流文化内容，这使得具有浓郁地方特色的传统龙舟运动相对处于边缘地位。体育课程内容往往远离学生的实际生活经验，未能充分反映传统运动的地域性和民族性,导致大学生与传统龙舟运动的“文化中断”。这不仅阻碍了大学生通过学校体育课深化对民族传统龙舟运动的认知,也是大学生对传统龙舟运动不感兴趣的原因之一。要传承和保护龙舟文化,就必须扭转高校忽视传统龙舟运动的现状,将高校体育教育建立在校园文化基础之上,满足在校大学生对传统龙舟运动了解和参与的需求。

高校通过校园文化建设,能够更好地体现龙舟文化的传承与发展。校园文化是学校文化的主体部分,最能体现学校文化的特征。作为学校文化的重要组成部分,高校校园文化对学生具有教育引导、规范行为等作用。彰显传统文化是高校校园文化建设的亮点内容之一,也是民族传统文化内在价值的体现。

传统龙舟运动的传承具有强大的教育功能,龙舟文化传承的过程实际上也是一种教育过程。

一、校园文化对传承传统龙舟运动的作用

校园文化是一所学校赖以生存和发展的灵魂与根基,也是学校发展的精神动力,它不仅塑造了学校独特的教育环境,还为师生提供了丰富的精神滋养。校园文化作为学校的一种“教育场”,具有多方面的功能:它能够陶冶师生的情操,规范师生的行为,激发全校师生对学校目标和准则的认同感,增强师生作为学校一员的使命感和归属感。这种文化氛围能够形成强大的向心力、凝聚力和群体意识,对学生起到潜移默化的教育作用,培养出具有不同个性特征的学生。

在高校中,建设具有民族特色的校园文化尤为重要。具有浓郁多元民族特色的校园文化能够营造出一种浓烈而持久的精神氛围,使师生在这种文化环境中自觉或不自觉地受到潜移默化地影响,从而增强师生的

民族认同感、自豪感和荣誉感。这种文化氛围不仅有助于传承和弘扬民族文化，还能为学校的发展注入强大的精神动力。

校园文化大致可分为三个方面：物质文化、制度文化和精神文化。物质文化体现在学校的建筑、景观、设施等硬件环境上；制度文化体现在学校的规章制度、管理机制等软件环境上；精神文化则体现在学校的校风、学风、价值观等文化内涵上。这三者相互作用，共同构成了校园文化的完整体系。

校园文化具有多方面的功能，包括示范、导向与凝聚、扬弃与创造、约束与熏陶、平衡与协调等。这些功能不仅有助于学校的日常管理和教育活动，还对传承民族文化具有特殊意义。校园文化作为社会文化的缩影，在学校中有多种表现形态。因此，加强高校的校园文化建设，营造良好的学校精神氛围，对传承民族文化具有深远影响。

龙舟运动是一项具有深厚文化底蕴的传统体育项目，也是民族文化的重要组成部分。通过在高校中推广龙舟运动，可以丰富校园文化的内涵，增强校园文化的多元性和包容性。龙舟运动不仅能够锻炼学生的身体素质，还能培养学生的团队合作精神、拼搏精神和民族自豪感。通过组织龙舟比赛、开展龙舟文化讲座、举办龙舟文化节等活动，可以将龙舟文化融入校园文化的各个方面，使师生在参与中感受龙舟文化的魅力，增强对民族文化的认同感和传承意识。

因此，高校创设具有民族特色的校园文化氛围，是实现民族文化传承的关键。将龙舟文化融入校园文化建设，不仅可以丰富校园文化的内涵，还能为学生提供一个全面发展的平台，促进学生的身心健康和全面发展。

二、高校文化建设的思考

大学生来自不同的民族，拥有不同的文化背景，这种多元性为高校文化建设提供了重要的基础。然而,不同民族文化背景的差异也可能影响各族学生对传统龙舟运动等民族文化的认知和态度。因此,高校校园文化建设是一项系统工程,需要整合社会各界的力量,形成推动文化传承与发展的合力。

(一)高校文化建设要确立多元文化理念

当今世界文化格局呈现多元并存的特点,如何处理好外来文化与本土文化的关系,是世界各民族共同面临的问题。一种文化教育流派的形成,往往需要经历一个漫长的历史发展阶段。正是基于某种文化,人们才有了民族的认同感和归属感。一种民族文化的传承和发展,必须借助外来文化为参照,以本民族文化为基础,同时吸纳外来文化的精华,才能使本土文化不断发展,更具有生命力。

面对当前时代的变迁和多元文化的格局,我们必须对高校文化建设进行重新定位。高校校园文化建设既要追求民族文化的现代化,又要确立个性鲜明的民族文化主题。民族文化的现代化是民族文化传承的趋势,也是高校生存和发展的必然需求,高校要与时代发展相一致,与时俱进,面向未来,首先要具有现代意识。高校在校园文化建设中,既要继承优秀的民族传统文化,又要着力体现时代精神,吸纳先进文化的营养,构建全新的校园文化体系。通过多元的校园文化体系培养各民族学生,才能实现高校所肩负的双重任务,让大学生具备现代化的思想和符合社会发展的能力,同时保持本民族的传统文化特点,实现民族文化的自觉传承,这也是时代赋予高校的光荣而艰巨的任务。

(二)高校校园文化建设要彰显民族特色

高校应将传统龙舟运动所蕴含的民族特色作为校园文化建设的一个重要特点,因为它能够突出反映高校的校园文化精神实质,是高校的文化亮点和文化名片。这种民族特色使高校卓尔不群，独具魅力。构建高校校园文化的目的，就是通过独具特色的民族文化来打造学校品牌，营造自身特有的魅力，并以民族文化特色提升高校的核心竞争力。高校的民族品牌和特点是其宝贵的资源和无形资产。成功打造高校的品牌形象，不仅可以提高学校的品位，彰显学校个性和特色，还能扩大学校的知名度和美誉度。

高校的生存与发展，不仅取决于教学质量、科研水平、就业率等硬指标，更在于其内涵发展的动力。校园文化是学校的灵魂，是学校发展的源泉，也是传承民族文化的主要途径。文化是隐性的，它必须通过各种载体来体现，并作用于人们的思想，起到教育和传承的作用。校园文化也是如此。高校应有效利用各种载体，推进校园文化建设，形成自己的办学特色和学校品牌。例如：以校训校风为载体，形成学校精神文化；以环境建设为载体，营造学校环境；以制度建设为载体，形成学校制度文化；以各项活动为载体，丰富校园文化生活；以课题研究为载体，提升校园文化品位；等等。通过学校各项活动，让全体师生了解民族文化，尊重民族文化，在高校形成各民族彼此互相尊重、相互了解、和睦相处的文化氛围，进而推动高校的各项工作健康持续发展。

（三）高校文化建设要挖掘传统龙舟文化内涵

中华民族文化是各民族群众在社会历史发展过程中创造的，并经世代传承的文明成果。它是各族人民千百年来在社会生产、生活实践中创造并形成的，涵盖了传统的物质生活、社会生活和精神生活领域内的所有文化事项。不同民族的文化是其自身生产方式和生活方式的具体体现。因此，民族文化的内涵是丰富多彩的，范围十分广泛，表现形式也多种多样。

在校园文化建设过程中，高校要深入挖掘民族文化的精神内涵。民族优秀文化传统是先进文化的重要历史渊源，各民族优秀文化都是博大精深的。一个民族的优秀文化凝聚了该民族世世代代的创造和智慧，是该民族赖以生存和延续的精神力量。一个民族的发展和复兴，离不开对优秀文化的继承。高校应根据不同的民族特点，挖掘优秀传统文化的精神内涵，并继承和发展民族传统文化。同时，校园文化建设要体现高校所属地域的民族特色。总之，高校在传承民族文化中，要挖掘民族文化中最有生命力的文化精神。

第二节　高校对龙舟运动发展的推动作用

随着龙舟运动的不断发展，其不仅在竞赛方面开展得越来越广泛，还引发了学术界和理论界的广泛研究。专家、学者纷纷从龙舟运动的历史与现实所涉及的各个角度出发，对龙舟运动展开研究，深入探索其内在的精神和文化内涵。高校是龙舟运动研究成果的主要诞生地，也是龙舟运动科学研究的主阵地。高校的龙舟教练和体育科研人员，在自身的教学、训练和竞赛实践中，不断进行科学研究和探索，他们在继承前人经验的基础上，结合科学的训练方法，在运动生理学、运动生物力学、流体力学、材料学等多个领域，对运动员、技战术、场地、器材等进行了深入研究。通过这些研究，他们形成了独特的训练方法和新的龙舟发展理念，使龙舟运动的开展更加专业化。这些丰硕成果的取得，有力地推动了龙舟运动研究的深入开展，促进了龙舟运动的科学发展，为我们传承和发展龙舟运动提供了明确的方向和强大的动力。

龙舟运动的全面发展需要每一个环节的积极配合，而高校龙舟运动是其中的重要组成部分。高校的先进性和科研性是推动龙舟运动发展的重要动力，高校对龙舟文化的传承与研究是龙舟运动发展的灵魂。龙舟运动在保留民族文化特点的同时，已经快速向正规化、科学化、国际化转变，龙舟运动要成为具有鲜明文化特色和现代体育特点的国际化运动项目，必须依靠高校对龙舟的科学研究，发挥高校的优势，从而促进龙舟文化的发展。

一、开展高校龙舟运动可以加速龙舟文化普及

龙舟运动作为一项传统的民俗体育项目，体现着独具魅力的东方智慧，其精神内涵也呈现着中华民族传统文化中最为深层的含义。[①] 龙舟运动具有突出的群众性特征，深受社会各界的广泛关注。龙舟运动以深厚的龙舟文化为依托，其文化内涵源远流长，使得龙舟运动得以经久不衰。自改革开放以来，随着我国教育事业的蓬勃发展，龙舟文化在高校中得到了有效的传承与推广。

许多高校积极开设龙舟基础课程，向学生系统地介绍龙舟运动的历史渊源、文化内涵、技术技巧等丰富知识，使学生能够全面、深入地认识龙舟运动，从而激发学生对龙舟运动的自主参与兴趣。除了基础的龙舟知识外，学校还引入了竞渡知识，进一步深化了学生对龙舟运动的理解，提升了学生对龙舟运动的参与热情，取得了良好的宣传效果。

一些高校还积极组建了自己的龙舟运动队，并与其他高校开展龙舟竞渡比赛等活动。通过这些赛事，不仅锻炼了学生的身体素质，还增强了学生的团队合作精神和集体荣誉感，进一步推动了龙舟文化的传播与发展。高校龙舟运动员主要由大学生组成，他们在课余时间积极参与龙舟

① 彭友.民族传统体育教学与文化传承研究[M].北京:群言出版社,2022:117.

训练，通过自身的努力为学校赢得了诸多荣誉，充分展现了龙舟文化的教育功能，同时也为龙舟运动的普及和发展做出了积极贡献。

二、开展高校龙舟运动可以保障文化传承

近年来，高校龙舟运动发展迅速，龙舟文化也逐渐成为高校研究的重点领域。国家教育部门联合大学生体育协会，积极推动高校之间的资源整合与协同发展。21 世纪初，龙舟比赛协会（以下简称“协会”）正式成立，致力于高校龙舟竞赛的组织与开展、龙舟活动的策划与实施等工作，促进了学生之间的情谊与交流。自协会成立以来，统一化的竞赛规则得以确立，龙舟竞赛的形式更加丰富多样，竞赛类别不断拓展，比赛的资格与人数也得到了明确规范。协会定期举办大学生龙舟邀请赛，并开展具有国际影响力的龙舟竞赛，为龙舟活动的开展奠定了坚实基础，也为学生提供了丰富的运动锻炼机会。与此同时，国外众多学校也纷纷组建了自己的龙舟队伍，积极参与到国际比赛中来。国际友人在比赛中取得的优异成绩，充分展现了龙舟文化的广泛影响力。随着时代的不断发展，龙舟运动已经成为高校学生喜爱的健身项目之一，并且正朝着国际化、现代化的方向迈进。

要使龙舟文化在岁月的长河中经久不息、不断发展，传承工作必须在两个方面做到位：一方面，龙舟文化在任何时期都应充分展现其深厚的历史底蕴，警示和教育后人时刻高扬以爱国主义为核心的民族精神旗帜，确保其在中国非物质文化遗产中始终闪耀着璀璨的光芒；另一方面，龙舟文化在任何时期都应紧跟时代脉搏，体现其与时俱进的时代内涵，在传承中不断创新，在创新中坚持发展，时刻彰显当代人以改革创新为核心的时代精神风貌。高校拥有一支高素质的龙舟教练员队伍，他们无疑是承担这

一历史使命的理想人选。高校应从龙舟运动的历史与现实所涉及的各个角度出发，以多元化的视野对龙舟传统文化进行深入剖析，深层次挖掘龙舟运动的文化内涵与精髓。高校在龙舟运动研究方面所取得的丰硕成果，必将成为龙舟文化在传承与发展道路上的宝贵财富，为龙舟文化的持续繁荣提供坚实支撑。

三、开展高校龙舟运动可以增强文化意识

高校作为培养高素质人才的重要基地，肩负着文化传承与创新的重要使命，是文化传承的关键阵地。在高校中，教师是文化传承的引导者，肩负着向学生传授知识、培养文化素养、引导学生树立正确文化观的重要责任；学生则是文化的继承者和创新者，他们通过学习和实践，将传统文化与现代理念相结合，推动文化的传承与发展。在高校、教师和学生的共同努力下，中华优秀传统文化在高校中得到了有效的传承与弘扬，焕发出新的生机与活力。

民族节日是传统文化的重要载体，承载着丰富的文化内涵和历史记忆，是民族精神的集中体现。这些节日不仅记录了中华民族的文化历史，还展现了古人的智慧与创造力。为了增强民族的向心力和凝聚力，各个地区更加重视传统文化的传承，纷纷加大了对传统民族节日的宣传力度。通过举办丰富多彩的文化活动，加速了民族节日文化的普及，使更多的人了解和参与到传统文化的传承中来。

社会实践活动是提升学生文化责任感和引导学生传承民族优良传统的重要途径。通过参与社会实践活动，学生可以亲身感受传统文化的魅力，增强对民族文化的认同感和自豪感，从而更加积极地参与到文化传承的行动中来。端午节作为我国重要的民族节日之一，具有深厚的文化底

蕴和重要的历史意义。

高校在宣传民族节日的同时，积极开展具有民族文化气息的活动，为学生提供了亲身参与文化实践的机会。通过参与龙舟运动，学生不仅可以锻炼身体、增强团队协作能力，还可以深入了解龙舟文化的内涵，感受民族文化的独特魅力。这种亲身参与的实践活动，能够有效扩展学生的文化视野，激发学生对文化传承的兴趣和热情，使学生在实践中不断提升个人的文化素养和责任意识，自觉肩负起传承和弘扬中华优秀传统文化的历史使命。

四、开展高校龙舟运动可以提供文化平台

高校作为教育资源丰富、教学手段多元化的教育机构，具有得天独厚的条件来开展龙舟运动，为龙舟文化的传承与发展提供坚实的文化平台。通过充分利用这些资源，高校不仅能够开设龙舟实践课程，发挥其育人功能，还能让学生深刻认识到龙舟文化的重要价值，从而更好地感受和传承龙舟文化。

（一）龙舟实践课程的育人功能

高校龙舟运动是推广龙舟文化的重要途径之一，能够让学生在实践中亲身体验龙舟运动的独特魅力。目前，我国许多高校已经开设了龙舟课程，内容涵盖了龙舟的发展历史、文化传统、世界龙舟运动的开展状况，以及重要的龙舟运动技术等基础龙舟知识。

龙舟运动所彰显的积极进取、团结协作、勇往直前的精神，逐渐成为学校文化建设的重要精神支柱。龙舟运动对促进学校发展具有至关重要的作用，它不仅能够优化学校的硬件设施建设，还能推动校园文化的繁荣发展，将龙舟文化与校园文化紧密结合，形成独特的校园文化氛围。

(二)龙舟运动对学校文化建设的推动作用

龙舟运动作为一种集体性活动,需要学生齐心协力、密切配合才能完成比赛项目。这种团队协作的特性使得龙舟运动在培养学生道德品质方面具有独特的优势。通过参与龙舟运动,学生的团队协作能力可以得到明显增强,合作互助能力也能显著提升。在龙舟训练和比赛中,学生们学会了如何与他人沟通、协作,如何在团队中发挥自己的优势,如何面对困难和挑战,这些能力的培养对于学生的个人成长和未来发展具有重要意义。

(三)龙舟运动对校园文化多样性的贡献

高校开展龙舟运动不仅有助于龙舟文化的传承,还能丰富校园文化的多样性。龙舟文化作为一种具有深厚历史底蕴和丰富文化内涵的传统民族文化,能够为校园文化注入新的活力和元素。通过组织龙舟文化节、龙舟知识讲座、龙舟摄影展等活动,高校可以营造浓厚的校园文化氛围,让学生在参与中感受龙舟文化的独特魅力,增强对民族文化的认同感和自豪感。此外,龙舟运动还可以促进不同专业、不同年级学生之间的交流与合作,增进学生之间的友谊,构建和谐的校园人际关系。这种多样化的校园文化活动不仅能够丰富学生的课余生活,还能提升学生的综合素质,培养学生的创新精神和实践能力,为学生的全面发展提供广阔的空间。

五、开展高校龙舟运动可以丰富文化内蕴

高校是人才培养的重要基地,为社会发展提供了持续不断的智力支持。高校汇聚了专业化、高素质的人才,这些人才成为开展龙舟运动的主力军,而高素质的教练员队伍推动了龙舟文化的纵深发展,为各类体育项目的开展储备了大量人力资源。高校开展龙舟运动能够为其培养优秀的

教练员队伍,这些教练员大多经过专业的学习、训练和培训,具有深厚的理论功底和丰富的管理经验。同时,由于他们具有高水平的科学文化素养,能够在训练和比赛中及时发现存在的问题和不足,并在日常训练中逐步加以改正和提高。因此,相对于民间的龙舟参与者,高校教练员能够更深层次地解读龙舟文化的现代意义,他们具备较高的专业素养,在指导过程中能够敏锐地发现学生身上的问题,指出不足,并提出引导学生进步的举措。在教练员的指导下,学生可以更加深入地了解龙舟运动,改正自己的训练方式,找到适合自己的训练技巧,更深层次地理解龙舟文化。

高校是文化传承的重要力量,这里既有民族文化传承的引导者,也有民族文化的继承者,他们共同推动着中华文化代代相传,经久不衰。传统节日是传承民族文化的重要载体,也是展现民族精神风貌的重要形式,承载着民族精神的历史积淀,是民族精神风貌的自然展现和流露。社会实践活动是学生体验和实践民族优良传统、了解和继承民族传统文化的重要方式。高校通过端午节这一传统节日,组织开展各种富有浓郁民族文化气息的活动,如包粽子、赛龙舟等,让学生参与到实践中来,这不仅能使学生拓宽视野、培养兴趣、感受民族传统文化的魅力,还能增强学生继承龙舟文化内涵的责任意识。高校有丰富的教育资源,开展龙舟运动的学校可利用已有的资源,对学生开设龙舟实践课程,利用自身优势,充分发挥龙舟运动的育人功能。因此,高校龙舟运动是我国龙舟推广过程中的一个重要环节,它为龙舟运动的发展提供了更大的可能性和更广阔的空间,也为学生提供了感受龙舟文化的平台和机会。在龙舟运动的发展过程中,众多高校龙舟人经过摸索总结,形成了较为完善的理论基础,并用这些理论来指导龙舟实践的发展,而在龙舟运动不断发展的实践中,又逐渐总结出新的理论经验。龙舟运动已经进入了“理论→实践→理论”的良性循环发展，高校成为其繁荣发展的主要阵地。龙舟项目是一项集体项目，需要多人合作完成，这对培养大学生的集体主义精神和合作互助观念有着积极的作用。在高校中开展龙舟运动，是传承龙舟文化的一个重要发展方向和趋势。

第三节　高校龙舟运动的态势分析

一、优势分析

（一）政府对高校龙舟运动发展的大力支持

随着我国综合国力大幅跃升，人们对美好生活的追求越来越高。在物质生活日益丰富的同时，越来越多的人开始追求更加健康、有文化的生活方式。为此，政府不断加大在文化建设方面的投入力度，以满足人们对文化享受和娱乐享受的追求。龙舟赛事作为一项具有良好观赏性、文化内涵和群众基础的传统项目，得到了广泛的推广。在推广过程中，政府对高校这一特殊群体给予了高度重视和支持，积极推动高校开展龙舟运动。

如今，许多外国友人渴望了解和学习中华文化。高校作为外国留学生的重要聚集地，成为传播龙舟文化的重要窗口。龙舟运动拥有几千年的深厚文化底蕴，通过高校这一平台，可以向世界展示中华传统文化，让中国文化走向世界。龙舟项目作为较为符合奥运会文化要求的中国传统项目，已经引起了国家有关部门的高度重视。龙舟申奥需要科学合理的分析和论证，这更需要高校龙舟人参与其中。在此背景下，龙舟运动得到了政府的大力支持。国家体育总局社会体育指导中心专门成立了龙舟工作部门，负责组织和规划龙舟竞赛；地方政府体育局纷纷成立龙舟协会，各级政府积极拨款搭建和完善龙舟运动竞赛场地与设施，积极承办各级各类龙舟赛事，极大地推动了龙舟运动的蓬勃发展。

（二）高校政策导向支持

目前，很多开展龙舟运动的高校在龙舟发展方面给予了一定的政策支持。例如，在招收龙舟运动特长生时给予一定的优惠政策，针对龙舟竞技水平较高的学生运动员提供保送本校研究生的机会，给龙舟优秀运动员发放生活补贴和奖励，以及为优秀龙舟运动员毕业生推荐工作，等等，通过各种有利政策支持形式为教练员、运动员正常开展训练、参加比赛提供有力的保障条件。此外，部分高校正在考虑和计划建设龙舟学院，有的学校为龙舟运动成立了专门的竞训部，还有一些学校开设了龙舟专项课程等，为高校龙舟发展提供专门的机构和更全面的支持政策。

（三）群众基础牢固

龙舟运动以龙舟竞技比赛为主要开展形式，在我国的广西、广东、湖南、福建、四川、云南、陕西、贵州、湖北、天津、北京、东北等地广泛开展。目前，全国呈现出“四大龙”的格局：以湖北、湖南等长江流域为代表的“长江龙”，以甘肃、宁夏、内蒙古等黄河流域为代表的“黄河龙”，以珠江三角洲地区为代表的“珠江龙”，以及以北京、天津等地为代表的“京杭运河龙”。“四大龙”的布局贯穿祖国大江南北，形成了一张龙舟网，而龙舟运动就是其中的纽带，将祖国各地的龙舟爱好者们联系在一起，形成了一个庞大的龙舟群体，带动了广大群众对龙舟的热爱与关注。各地中华儿女以龙的传人自居，传承着中华民族千百年来团结进取、拼搏向上的精神。

（四）龙舟运动魅力独特

龙舟运动因其深厚的文化底蕴、悠久的历史，以及精彩绝伦的观赏性而深受广大人民群众喜爱，每逢举办龙舟比赛时，各地都会组织丰富多彩的活动，男女老幼相继上街参与或观看，活动现场人山人海，场面宏大。

当今社会娱乐文化生活丰富多彩，广大群众休闲娱乐的方式也多种多样，人们仍将观赏龙舟比赛作为娱乐方式之一，这正是传统龙舟文化本身的魅力所在，也是竞技龙舟运动鲜明特色的体现。龙舟的观赏性赢得了广大观众的认可和推崇，为龙舟运动的快速发展奠定了坚实基础。

（五）拥有深厚的文化传统底蕴

龙舟竞渡作为一项具有悠久文化底蕴的运动，在几千年的历史长河中，饱经风雨、历经坎坷，最终延续至今并逐渐发展壮大，承载了太多的故事和期许。龙舟竞渡在过去是图腾时期的祭祀活动，如今则是传承中国龙文化的使者。龙舟运动所彰显的团队合作精神与中华传统文化中同心同力的集体主义精神不谋而合。承载着厚重历史、传承着文化精粹、展现着团结拼搏精神的龙舟运动，既有自信，也有实力不断向前发展。

（六）赛事的举办具有多重效益

近年来，全国各地争相举办龙舟赛事，尤其目前国内级别最高的中华龙舟大赛，更是成为各地的热门选择。要举办这样一项赛事，基本的资金投入需要1000万元以上，但各地相关部门的举办热情依然高涨。这是因为举办龙舟赛事会给当地带来诸多方面的效益。第一，龙舟赛事能够吸引众多赞助商，从而获得丰厚的广告收入；第二，在进行龙舟赛事电视转播的过程中，也给举办地带来了不可估量的宣传效益，提升了举办城市的知名度，为当地的旅游业注入了活力；第三，举办龙舟赛事是促进当地龙舟竞技水平提高的有效手段，更是提升当地体育综合实力的催化剂；第四，举办龙舟赛事在一定程度上丰富了当地群众的体育文化生活，响应了全民健身的号召；第五，传承着中华民族传统的团结、拼搏精神的龙舟运动，能够激励参与者和观赏者的斗志，陶冶他们的情操，为举办地的和谐文化建设注入活力。对于高校来说，开展龙舟运动在提升学校知名度、提高招生和就业质量、营造良好校园文化氛围等方面都会带来不同程度的效益。

高校龙舟运动的发展具有多方面的优势。政府的大力支持、高校的政策导向、雄厚的群众基础、独特的运动魅力、深厚的文化底蕴，以及赛事的多重效益，共同为高校龙舟运动的发展提供了坚实的基础和广阔的空间。高校应充分利用这些优势，积极推动龙舟运动的开展，不仅为传承和弘扬中华优秀传统文化做出贡献，也为学生的全面发展和学校的建设提供有力支持。

二、劣势分析

（一）高校龙舟后备人才匮乏和人员流失问题亟待解决

高校龙舟队的人员构成主要来自本校普通学院学生、体育专业学生，以及单招的高水平运动员。由于大学生的学制限制，学生参与龙舟运动的时间最长为四年，毕业后队伍需要进行新老交替。这种人员流动的频繁性导致高校龙舟队难以形成一支长期的、稳定的专业化队伍。与职业龙舟队相比，高校龙舟队在人员稳定性和专业性上存在明显差距，这也是高校龙舟队在竞技水平上难以匹敌职业队的重要原因之一。此外，高校龙舟运动的吸引力相对有限，难以持续吸引和留住高水平的运动员和教练员，进一步加剧了人才匮乏和人员流失的问题。

（二）整体竞技水平亟待提高

竞技水平是指运动员在比赛中所表现出的竞技能力。不同项目的运动员在比赛中表现出的竞技水平有不同的衡量标准，比赛结果的评价方法也不尽相同。按照运动训练学中的项群理论进行分析，龙舟运动属于可测量类项目，其成绩主要通过完成一定距离所需的时间来确定。运动员所具有的竞技能力及其在比赛中的发挥状况，无疑对运动成绩有着最重要的直接影响。虽然现阶段个别高校的龙舟水平较高，但整体水平较为一般。另外，高校龙舟队中教练员的整体训练水平也有待提高，许多教练员此前并非从事龙舟运动，而是为了比赛临时参与到龙舟教学和训练中，他们中的一些人缺乏理论知识、安全意识和规范的教学能力，缺少专业的龙舟知识和执教经验。这些问题限制了高校龙舟运动队的进一步发展，同时也可能误导部分龙舟运动员，导致错误的训练方法不断累积和传递，形成恶性循环。因此，我国高校龙舟运动的整体竞技水平还需要进一步提高。

（三）高校龙舟队训练、比赛资金比较短缺

竞技体育由运动员选材、运动训练、运动竞赛和竞技体育管理四个有机部分组成，这四个部分相互联系、相互促进，缺一不可。高校龙舟项目的开展需要大量的资金支持，包括训练场地建设、设备购置、赛事组织、运动员和教练员的培训等。然而，仅靠高校单方面的经费投入是远远不够的，资金短缺成为制约高校龙舟运动发展的主要瓶颈之一。只有获得更多的社会资助，高校龙舟运动才能实现长期稳定的发展。

（四）市场化程度有待提高

资金支持是推广和发展任何体育项目的关键因素，龙舟运动也不例外。然而，由于高校的主要职能是教学和科研，与社会企业的联系相对较少，高校龙舟运动在发展和推广过程中获得的社会赞助远低于职业龙舟队。市场化程度低导致高校龙舟运动在资金、资源和品牌建设方面面临诸多挑战。与篮球、足球等市场化程度较高的运动项目相比，龙舟运动在商业开发、品牌推广和市场运营方面仍处于起步阶段。缺乏市场化的运

作机制，使得高校龙舟运动难以吸引更多的社会资源和商业赞助，进一步限制了其发展和推广。

三、机遇分析

（一）国家更加重视端午节的影响力和龙舟文化的传播效应

随着我国综合国力的不断提升和人民生活水平的显著提高，国家对传统文化的重视程度日益加深。端午节和龙舟运动作为中华传统文化的重要组成部分，承载着丰富的历史和文明内涵，是弘扬传统文化的重要途径。近年来，国家相继出台了一系列政策和法规，旨在促进龙舟运动的推广和龙舟文化的宣传与传播。这些政策不仅为龙舟运动的发展提供了政策支持，也为龙舟文化的传承和弘扬创造了良好的社会环境。

（二）竞技龙舟推广平台逐步扩大

随着计算机网络信息平台的建立，竞技龙舟项目的推广平台得到了显著扩大。国家通过多种媒体平台展示民族文化并推广龙舟运动，例如，通过电视频道的直播，展示和宣传龙舟竞赛，极大地提高了我国竞技龙舟项目的社会化程度。此外，利用学校的力量举办更多的校际龙舟比赛，也是加强各高校龙舟队之间交流的有效途径。通过这些比赛，不仅可以提升龙舟运动的知名度和影响力，还可以激发学生对龙舟运动的兴趣和参与热情，为龙舟运动的长期发展培养更多的后备人才。

（三）经济持续快速发展促使人们的休闲意识逐步提升

随着物质生活的丰富，人们的休闲意识和对精神文化生活的需求也在不断提高。在满足基本生活需求之后，人们开始追求更高层次的精神娱乐享受，观赏高水平的竞技比赛已经成为人们度过空余时间的重要内容。人们观看龙舟比赛不仅可以感受生命的力量，还可以获得美的享受。

这种对精神文化生活的追求，为龙舟运动的发展带来了新的机遇。

（四）国际交流与合作的不断加强

随着我国国际地位的不断提升，国际交流与合作日益频繁。龙舟运动作为中华传统文化的重要载体，受到了越来越多国际友人的关注和喜爱。许多外国留学生通过高校平台了解到龙舟文化，并积极参与其中；国际龙舟赛事的举办，不仅为各国龙舟爱好者提供了交流和学习的机会，也进一步提升了龙舟运动的国际影响力。通过国际交流与合作，龙舟运动的推广和发展得到了更广阔的空间，也为高校龙舟运动的国际化发展提供了重要契机。

（五）龙舟运动的教育功能受到重视

近年来，龙舟运动的教育功能逐渐受到教育界的重视。高校通过开设龙舟课程、组织龙舟比赛等活动，不仅丰富了学生的体育生活，还培养了学生的团队合作精神、拼搏精神和集体荣誉感。龙舟运动所蕴含的积极进取、团结协作的精神内涵，与高校的育人目标高度契合。通过龙舟运动，高校可以更好地实现文化育人、体育育人的目标，为学生的全面发展提供有力支持。这种教育功能的发挥，为龙舟运动在高校的推广和发展提供了重要的内在动力。

四、威胁分析

（一）自然地理条件的恶化

随着经济的快速发展，一些地区为了追求经济利益，不断开发自然资源，导致自然地理环境受到严重破坏，使得水域面积逐渐缩小，自然水域的水质也明显下降。龙舟运动作为一种水上项目，需要开阔的水域和良好的水质条件才能顺利开展。尽管近年来国家高度重视生态文明建设，环境问题有所改善，但彻底恢复自然环境仍是一个长期的过程。自然环境条件的恶化对龙舟运动的开展产生了直接的负面影响，限制了龙舟运动的普及和发展。

（二）城市化进程所引发的传统龙舟竞渡的传承危机

传统龙舟竞赛作为一项重要的非物质文化遗产，在城市化进程的推进中，面临着保护不足的困境。随着城市化的加速，一些传统节日和文化活动逐渐被边缘化。例如，端午节作为中国传统节日之一，近年来在部分年轻人的生活中逐渐失去原有的重要性，传统节日的仪式感和文化内涵被淡化。这种现象导致龙舟运动在一些地区慢慢淡出年轻人的视野，传统龙舟竞渡的传承面临危机。尽管近年来国家逐渐重视传统节日的保护和传承，这种趋势有所缓解，但要彻底扭转这一局面，仍需长期的努力和持续的投入。

（三）其他相似水上划桨运动项目的竞争

水上项目是指运动员在水上从事的运动项目，主要包括游泳、跳水、赛艇、皮划艇、水球等。其中，与龙舟运动相似的水上划桨项目有赛艇和皮划艇。这些项目已经成为奥运会正式比赛项目，在世界范围内具有较高的知名度和影响力。相比之下，龙舟运动虽然有着深厚的文化底蕴和广泛的群众基础，但在全球范围内的影响力相对较小。在这种情况下，龙舟运动要与其他相似的水上划桨运动项目竞争，需要进一步增强自身的竞争力，提升其在国际体育舞台上的地位。

（四）国际体育赛事体系的挑战

国际体育赛事体系以奥运会为核心，奥运会项目的选择和推广对全球体育运动的发展具有重要影响。目前，龙舟运动尚未被列为奥运会正式比赛项目，这在一定程度上限制了其在国际体育赛事体系中的地位和发展空间。虽然龙舟运动在亚洲地区具有较高的影响力,但在全球范围内的推广仍面临诸多挑战。国际体育赛事体系的竞争非常激烈,龙舟运动需要在项目标准化、国际化推广、赛事组织等方面不断提升,才能更好地融入国际体育赛事体系,获得更广泛的认可和支持。

第四节　高校龙舟运动的社会效能

一、高校龙舟运动的开展,推动了龙舟文化的普及

20世纪90年代以来,龙舟运动在全国各地高校蓬勃开展起来。一方面,高校通过开设龙舟基础课程,使更多的学生能够参与到龙舟运动中,加深了高校学生对龙舟竞渡知识的了解,进而促进了龙舟文化的宣传和普及。另一方面,高校组建了专业的龙舟运动队。这些高校普遍分布在水资源丰富的地区,如天津、上海、山东、广西、广东、吉林、辽宁等地。运动员全部是来自全国各地的在校大学生,他们利用课余时间,常年进行专业化的龙舟训练,经常代表学校和地区参加国际、国内的各项龙舟比赛,在为国家和学校争得荣誉的同时,也发挥了普及龙舟文化的作用。

二、高校成立了完善的组织机构,保障了龙舟文化的传承

随着高校龙舟运动的蓬勃发展,龙舟文化的研究也逐渐成为高校相关学者日益重视的一个领域。为适应这一新的形势,由中国大学生体育协会牵头,各高校纷纷响应,中国大学生体育协会赛艇与龙舟分会于2004年在天津工业大学正式成立。该分会致力于加强全国各高校间的联系,积极开展龙舟运动的学术、竞赛和表演交流活动,增进全国大学生

之间的友谊与交流，开阔大学生的视野和知识面，推动龙舟文化在我国高校的积极开展。分会自成立以来，规范了高校龙舟运动的发展，制定了统一的竞赛规则和一系列规章制度，对龙舟竞赛的形式、类别、组别、比赛航道，以及参赛运动员资格、人数、队服等提出了具体要求。这些规范和制度的建立，为高校龙舟运动的健康发展提供了有力保障，确保了龙舟运动的标准化和专业化。分会还定期举办全国大学生龙舟邀请赛，这些赛事为高校龙舟运动搭建了良好的平台，吸引了众多有条件的高校积极参与，让龙舟运动逐渐成为高校大学生积极参加、喜闻乐见的体育健身项目，为龙舟文化的传承提供了有力的保障。

三、高校丰富的人脉底蕴，使龙舟文化薪火相传

文化的传承离不开丰厚的人力资源和有利的发展基础。龙舟文化作为中华传统文化，在新的历史时期的传承中，既需要我们时刻牢记其历史内涵，又要着手基于时代价值的创新，只有这样，才能使龙舟文化薪火相传。

（一）高校积极引导，增强学生传承意识

高校是中华文化传承的重要载体。[①] 高校对于中华传统文化的传承和发展，主要集中在对青年学生的引导上，教师是文化传承的引导者，学生是文化的继承者。只有积极引导青年学生，让他们对传统文化有深入了解并产生浓厚兴趣，使其真正成为传承和发扬的主力军，才能使中华传统文化世代相传。高校开展龙舟运动的初心和使命，就是让我国的传统龙舟文化源远流长。在引导学生参与龙舟活动的过程中，高校逐渐培养学生的自主意识，引导学生把龙舟当成兴趣爱好，积极主动地参与其中，

① 杨杰.文化渗透视角下高校思政教学探究[M].长春：吉林大学出版社，2023:29.

通过成立龙舟社团、组建龙舟队伍、定期开展与龙舟有关的主题活动，形成教师引导学生、学生主动带动学生的传播形式，促使学生形成一届传一届的良好氛围，让学生把龙舟当成事业发展下去。在自主组织和参与龙舟活动的过程中，学生能够深刻感受到中华传统文化的真谛，而龙舟运动本身的特点要求学生具备集体观念、吃苦耐劳的意志和顽强拼搏的精神。这些素质的锻炼能够激发学生传承和发展龙舟的意识，也是增强学生责任感的良好方法。高校的人脉底蕴丰厚，具备龙舟发展延续的有利条件。将龙舟运动作为校园文化的一部分，积极引导学生参与龙舟运动继承和发展，是龙舟运动薪火相传的重要途径。

（二）把龙舟运动纳入教学过程，为学生提供专业系统的学习平台

高校是我国人才培养的重要基地，大学阶段是青年学生人生中的重要时期。在高校雄厚的教育资源和优秀的教学方法的培养下，学生增长知识，树立人生理想，成为各行各业的接班人，成为祖国各项事业发展的建设者。龙舟运动的传承和发展需要一批又一批的新生力量补充进来，需要专业的龙舟从业人员，也需要更多兴趣爱好者的参与，才能持续发展下去。开展龙舟运动的高校，需要依托学校现有的龙舟运动资源，根据实际情况开办龙舟学院，招收并培养龙舟运动的专门人才；为体育专业学生开设龙舟专项普修课，培训他们的龙舟专项技能；在公共体育课中为普通大学生开设龙舟实践选修课程，丰富公共体育课的教学内容，让更多的学生了解并喜爱龙舟运动；打造专业系统的龙舟教学平台，发挥学校的自身优势，利用教学手段让学生能够系统地学习龙舟运动和龙舟文化。许多开展龙舟运动的高校拥有丰富的龙舟资源，包括龙舟指导教师、场地和器材等。南方高校由于地理气候条件优越，再加上学校提供的龙舟学习平

台，可以取得很好的教学成果；北方高校由于气候限制，只能在夏季和秋季开设龙舟课程，虽然时间短暂，但也完全可以达到教学目的，一些北方高校为了弥补气候条件的不足，还建设了室内龙舟训练馆，为龙舟训练和教学提供了良好的条件。因此，把龙舟运动纳入教学过程，搭建教学平台，为学生提供专业系统的学习条件，也是高校开展龙舟运动的重要职能。

（三）高素质的教练员队伍能有效推动龙舟运动发展

高校开展龙舟运动，需要专业的教练员队伍，而高校体育教师就成为教练员的最佳人选。体育教师具备体育专业知识，有丰富的教学经验与训练指导经验，以及较高的科研能力，能够组成高素质的教练员队伍，为龙舟运动的发展提供专业的理论指导。高素质教练员在系统研究龙舟运动的训练、竞赛方法的同时，还要深刻理解龙舟文化的内涵。在指导学生龙舟训练和比赛的过程中，教练员应由浅入深地向学生传授龙舟文化，使学生在掌握专项技能的同时，不断学习和理解传统龙舟文化。高校龙舟教练员在指导学生的过程中，利用专业体育知识，从运动训练学、运动生理学和运动解剖学等方面给予科学、系统的指导，能够有效地将理论与实践相结合，让学生更全面、具体、生动地掌握龙舟技能。在日常学习和训练过程中，教练员还应结合龙舟文化和龙舟精神对学生的思想品德进行引导，从而帮助学生在长期的熏陶中形成过硬的意志品质。只有将专业的龙舟技能和良好的意志品质相结合，才能培养出出色的龙舟队员。这不仅为龙舟运动的发展输送了高质量的人才，也是提升龙舟运动软实力的有效方法。

高质量的教练员队伍建设是高校龙舟运动发展的关键环节，要推动龙舟运动高质量发展，必须组建高质量教练团队。单兵指导是不够的，即使教练员个体能力再强，也难以全面指导整个团队。采取教练组配合的方法，才能更有效地提高整体训练效果。从当前龙舟运动的发展环境来看，只有高校具备条件和实力组建高质量的教练员团队。为了更好地发挥高质量教练员的作用，社会上的龙舟俱乐部和业余龙舟队可以与高校共享资源，高校教练团队可以兼职指导社会上的龙舟队伍，这样能够有效地推动龙舟运动整体实力的提升。因此，高素质的教练员队伍是推动龙舟运动快速发展的重要条件。

(四)以高校科研促进龙舟运动繁荣发展

随着龙舟运动的广泛开展和社会文化的交流与融合，龙舟运动不仅在竞技方面开展得有声有色，也引起了众多专家、学者和科研人员的关注。这些专家、学者纷纷从龙舟运动的历史价值、现实价值，以及项目本身的科学理论等角度进行研究思考，既揭示其内在的精神，又与时俱进地研究龙舟运动的科学理论，成果可谓百花齐放。这些丰厚的科研成果必然成为龙舟运动流传后世的重要动力之一。仔细分析这些成果就会发现，高校是龙舟运动科学研究的主要阵地，许多专家、学者及科研人员都来自高等院校，许多高校龙舟教练员也是科研团队的组成人员，他们在拥有实践经验的基础上进行科学研究，必然推动龙舟运动的繁荣发展。

在当地政府和上级主管部门的大力支持下，许多高校建设了龙舟运动训练科研基地和龙舟运动实验室，这大幅加快了龙舟科研的步伐。近年来，关于龙舟运动的论文等立项成果颇丰，不仅在文化层面积累了大量资料，而且在龙舟运动项目本身的技战术、场地器材等方面也涌现了许多新理论和成果。例如：龙舟的材质从木质向玻璃钢的转变，划桨的材质从木质向碳纤维的转变；为申奥所研究的新型龙舟，在流线、座舱等方面都进行了大幅改进，这些成果都是国家龙舟项目相关部门、龙舟器材厂家与高校结合展开的科学研究成果。因此，高校龙舟科研的发展引领着龙舟运动的发展。龙舟运动的科学研究不是一劳永逸、一蹴而就的，而是需要持续努力和投入，我们需要发动各方力量支持龙舟科研发展，需要一代又一代龙舟人的不懈努力，将继承与创新相结合，用科研的力量促进龙舟运动的繁荣发展。

参考文献

[1]艾丽.民族传统体育理论与教学实践研究[M].北京:中国社会科学出版社,2021.

[2]陈小蓉.中国体育非物质文化遗产精粹[M].北京:人民体育出版社,2024.

[3]杜宇峰.民族传统体育发展与实践研究[M].北京:中国书籍出版社,2023.

[4]冯伟.大学体育选项教程[M].苏州:苏州大学出版社,2020.

[5]何帅,孙子惠,肖旸宇.非物质文化遗产的数字化保护与传播[M].北京:中国纺织出版社有限公司,2023.

[6]卢元镇.体育文化随笔集[M].广州:中山大学出版社,2021.

[7]陆盛华.传统体育文化发展研究[M].北京:华文出版社,2021.

[8]彭友.民族传统体育教学与文化传承研究[M].北京:群言出版社,2022.

[9]邱红武.篮球规则理论解析与实践[M].厦门:厦门大学出版社,2022.

[10]渠魁,袁艺文.龙舟人生[M].南京:江苏凤凰文艺出版社,2020.

[11]任晋军,王肖天.普通高校竞技体育品牌建设研究[M].上海:上海交通大学出版社,2020.

[12]田华.民俗体育文化研究与探索[M].长春:吉林文史出版社,2021.

[13]王锋.大学龙舟体能训练教程[M].武汉:华中科技大学出版社,2022.

[14]杨杰. 文化渗透视角下高校思政教学探究[M]. 长春:吉林大学出版社,2023.

[15]于炳德. 高校民族传统体育教学改革[M]. 哈尔滨:哈尔滨出版社,2020.

[16]廖勇胜,程月,李荣军,等. 用于龙舟训练的仿生柔性触觉传感器[J]. 塑料,2024(4):40—44,60.

[17]孙鸣,张勇. 龙舟运动的现代化转型研究[J]. 宿州学院学报,2024(1):61—64.

[18]林秀丽. 非遗传承中的高校龙舟运动发展制约因素浅析[J]. 体育世界,2024(3):31—33.

[19]冷思逸,宋永晶. 龙舟研究的回溯与展望[J]. 武术研究,2022(11):97—99.